Francesco Guccini

Così eravamo

GIORNALISTI, ORCHESTRALI,
RAGAZZE ALLEGRE E ALTRI
PERSI PER STRADA

GIUNTI

Giunti Editore si impegna per uno sviluppo sostenibile
con l'utilizzo di carta certificata FSC® proveniente
da fonti gestite in maniera responsabile.

Così eravamo
di Francesco Guccini
«Scrittori Giunti»

www.giunti.it

Via Bolognese 165 – 50139 Firenze – Italia
Via G.B. Pirelli 30 – 20124 Milano – Italia

Prima edizione: settembre 2024

A Pietro, padre di mio padre
A Pietro, mio fratello
A Pietro, mio nipote
A Piero, amico di sempre

Colombini

1

«Oh, ciao. Te l'han' già detto? È morto Colombini!» È il tuo compagno di banco a darti la notizia.

Il suo viso adolescente sembra amichevole ma ha qualcosa del nibbio, del falco, del predatore e ha anche, come un'impronta perenne, una macchia, una sorta di maschera, un sorriso ironico abituale, sardonico, da prendingiro, come a dire: «io sono furbo, sono molto più furbo di te».

Pensandoci oggi ti viene in mente quello che diceva il nonno di quel tuo amico parlando di Pio XII, «*a m' pèr al faièin*», mi sembra il faino, detto al maschile. Il faino no, ma piuttosto il furetto.

Tu avevi appena infilato la borsa nel banco.

Sei alle medie, non hai più la cartella rigida di fibra color giallo arancione delle elementari, ma una borsa in pelle da professionista, da avvocato, medico o uomo politico, da custodire con mille attenzioni per non scalfirla con un minimo segno, quella preziosa e costosa novità della borsa, tu che, dicono di te, non stai mai attento, che riesci a rovinare tutto appena lo adoperi.

Sei alle medie ma i banchi sono ancora quelli delle elementari, colossali catafalchi di legno, col ripiano ribaltabile e ancora i buchi per i calamai, che non ci sono più. Perché adesso, alle scuole medie, si adopera la penna stilografica, che puoi anche riempire di inchiostro blu, se riesci a fartelo comperare.

Questa penna favolosa, ben diversa dalla cannetta con pennino, te l'aveva poi regalata (un facoltoso zio?) qualche anno prima, per la tua prima comunione, ma poi, "mostràtela, fattela vedere", ti è stata sequestrata, tanto tu rompi tutto, te la faremo adoprare da più grande (come l'orologio da polso, sfoggiato orgogliosamente sulla camicia del braccio sinistro per poche ore, visto e scomparso, forse tenuto da parte per il tuo futuro matrimonio), ed ecco riappare la penna adatta per le tue scuole medie. C'è già in circolazione la penna a sfera, ma è misteriosamente vietata.

Ti sei appena accomodato nel banco, sicura promessa di scoliosi, ultimo banco a sinistra entrando, quando il tuo compagno ti ha dato la notizia.

2

Lui era già lì. Abita in centro, lui, a pochi passi dalla scuola. Tu invece devi fare, a piedi, un pezzo di via Ciro Menotti, per arrivare in via Emilia, che sulla sinistra si perde nella periferia già campagna verso la mitica lontana Bologna, intravista, ogni tanto, dalla stazione ferroviaria, quando devi prendere la coincidenza della Porrettana.

Se vai a destra attraversi il centro per arrivare a piazza Sant'Agostino (carica di estenuanti languori di tramonti estivi) e da lì la strada, la via Emilia, prosegue diritta verso Reggio, Parma e Piacenza.

Nel grande slargo Menotti Emilia c'è, o meglio c'era, perché non c'è più, un ponte, il ponte della Pradella.

Località misteriosa come Atlantide, perché non solo non c'è il ponte ma, se c'era un ponte, doveva esserci anche un fiume, un torrente, un fosso, un canale, e non c'è traccia né dell'uno né degli altri; come certe strade del centro tipo via Canalgrande, Canalchiaro, Canalino, Canaletto, ma sono strade, non canali, corsi d'acqua tombati, scomparsi nel tempo alla vista, e forse scorrono ancora, ombrosi e sfuggenti, nel sottosuolo della città, assieme a feroci, mostruose, minacciose e colossali pantegane, da secoli in attesa di riemergere e conquistare il mondo.

Arrivato all'inesistente ponte della Pradella, devi deviare verso la fontana dei due fiumi, Panaro, che scorre più a est, e Secchia, più a ovest.

I due fiumi, nella raffigurazione delle statue, viste nella loro curiosa nudità, non sapresti dire se sono maschi o femmine, forse c'è una loro ambigua androginia. Sono anche costantemente privi d'acqua, perennemente in secco, il che, essendo due fiumi, ti lascia perplesso.

Devi poi passare dietro al teatro Storchi («Marionette, spettacoli teatrali per famiglie e commedie moderne») e arrivare nel Parco.

È un po' abbandonato, poco curato in questi anni del dopoguerra, e si vedono ancora i segni di quel tristo passato: ci sono ancora residui di panchine, simbolo di un periodo di pace in cui la gente veniva e si sedeva a riposare sotto gli alberi (platani?), ma queste panchine sono oggi spettri sghembi, ridotte ai semplici ferri portanti, perché negli ultimi giorni di guerra i legni sono stati asportati e usati come combustibile per riscaldarsi.

La guerra, d'altra parte, è finita da poco, sette o otto anni, non se ne parla quasi più, o lo si fa come di un'epidemia che ha lasciato tutti attoniti con la paura di rimanere infettati, ma qualche simbolo è rimasto, come le panchine senza i legni, come certe famiglie ritornate dallo sfollamento che hanno trovato la casa occupata da un'altra famiglia, e si mescolano incredibili e improbabili coabitazioni fra locali e meridionali di ritorno dopo la tragedia della guerra, fra i Pepo e i Crocifisso, fra le Cleofi e le Carmele, fra la lotta degli aromi (nei giorni di festa, le domeniche condivise) provenienti da un unico utilizzabile fornello a gas, fra le orecchiette alle cime di rapa e i maccheroni al pettine, fra i sentori d'aglio e peperoncino e il frizzante vinoso violaceo del Lambrusco.

Gli edifici a terra per i bombardamenti sono stati ricostruiti quasi tutti, la periferia si allarga e ruba spazio alla circostante campagna. Rimessi in piedi, quasi tutti, anche se ogni tanto, svoltando un angolo, trovi ancora a mezz'aria una parvenza di intimità, tracce di una vita passata e finita chissà dove e come, una mezza parete con un ghirigoro pseudo-artistico di imbianchini estrosi, e un parziale ritratto di chissà chi o uno sdrucito panorama montagnoso ancora appesi a un muro.

C'era freddo, nell'ultimo inverno di guerra, e oltre al legno delle panchine si bruciavano, nelle stufe economiche (perché il riscaldamento centrale non ce l'aveva nessuno e, anche se ci fosse stato, la legna e il carbone mancavano), delle palle di carta di giornale, bagnate e poi pressate fino a formare una pallottola grossa poco più di un pugno, poi lasciate seccare e bruciate nella stufa. Non che fossero particolarmente efficaci ma davano, almeno, la breve illusione del riscaldamento.

Ma tu vai oltre, lungo l'ampio viale dove a fine Ottocento sorgevano ancora le mura cittadine, arrivi quasi al monumento ai caduti dell'altra guerra, quella non tua, la prima mondiale.

Alcune colonne in travertino appaiate si ergono bianche e reggono una Vittoria alata, scudo nella sinistra, daga nella destra. Ai piedi alcune figure in bronzo, verniciate in grigio piombo, di difficile interpretazione per un adolescente dei primi anni Cinquanta (immaginiamoci l'interpretazione di un adolescente degli anni Duemila): donne in gramaglie, urlanti di silenzioso dolore come le pie donne del *Compianto per la morte di Cristo* di Nicolò dell'Arca nella chiesa di Santa Maria della Vita a Bologna; donne in estasi patriottica, quasi in orgasmo sessuale, pronte a offrire il proprio figlio per la Patria; poi un fante, un umile soldato, feroce nello sguardo fisso verso un inesistente orizzonte, pronto all'estremo sacrificio e al combattimento: elmetto regolare in testa, uno scudo da trincea fra le mani, accucciato ma preparato a montare eterna vigile scolta in posa ieratica in direzione di San Faustino e l'inizio della via Giardini, lancio ad aprirsi dalla pianura verso le prime balze dell'Appennino. Ma tu guardi quel monumento con occhi distratti, anche se il fante, in perenne attesa del nemico, ti inquieta un poco.

Un po' prima del monumento giri a destra e, dopo una cinquantina di metri, arrivi a una piazzetta. Lì c'è la tua scuola, la Scuola Media Statale Giosuè Carducci, detta dai più, dal volgo, anche San Pietro, anzi, Sanpietro, perché l'intero edificio era stato un vecchio convento, espropriato probabilmente dalle truppe napoleoniche e trasformato in scuola. Le varie vicende successive vollero detta scuola intitolata al grande vate "maremmano", anche se la vicina chiesa di San Pietro la vinceva sulla toponomastica.

3

E così facevi, tutte le sante mattine, da ottobre a giugno: nell'autunno coi primi freddi, sotto gelide piogge o fendendo la fumana, la fitta nebbia che allora c'era, c'era sì, e che trasformava il mondo in qualcosa di incerto, di impalpabile, come se tutto fosse visto attraverso un bicchiere d'acqua e anice; e durante l'inverno nevoso, che cambiava poi le strade in ghiacciate lastre di pattinaggio; per poi arrivare, alla fine di quell'inferno, alla primavera, primi cenni d'estate, con una speranza subito spezzata perché apprendevi di essere stato rimandato a ottobre e che le tue vacanze sarebbero state troncate tragicamente.

Ti facevi quel chilometro e mezzo, due chilometri, a piedi, per giungere là dove ti avrebbero spezzato il pane della scienza e della conoscenza, insufflandoti a forza i primi accenni di grammatica latina e di lingua straniera, *rosarosae* e *often* spesso, *seldom* raramente, *random* occasionale, fortuito, *never* non... mai, giammai; e quella branca della matematica chiamata *al-giabr*, inventata per tua sofferenza e scorno a Bagdad nel nono secolo da un certo Muhammad ibn Mussa al-Khuvarizmi, e che nulla (almeno pensi) ha mai avuto modo di influenzare la tua vita.

Nessuno ti accompagnava a scuola, non c'erano auto personali o scuolabus, nessuno ti veniva a riprendere all'uscita, allora non usava.

Tu proseguivi nella tua lunga spedita camminata coi pantaloni ancora corti, a mezza coscia, estate e inverno, sostituiti di lì a breve dai ridicoli pantaloni alla zuava per poi giungere, finalmente, ai sospirati pantaloni lunghi.

Camminavi perché tu non abitavi in centro, come buona parte dei tuoi compagni, ma nell'allora prima periferia della città, in gruppi di palazzoni che via via, edificio dopo edificio, rubavano terreno a quelli che prima erano campi coltivati, lasciando ancora vaghe tracce di quello che erano stati: un filare d'uva (senza più uva da rubare), una traccia remota d'orto.

Abitavamo in periferia, noi, ma in case nuove, da poco sorte. I compagni del centro abitavano in case a due passi dalla scuola ma vecchie, se non decrepite, forse toccate dalla Storia ma cadenti, con umidità che chiazzava i muri, con cortiletti muffosi butterati di muschio e appena fazzoletti di cielo su di loro, con odori di stantio e scale con luci flebili e intermittenti, inutilmente ingentilite da tristi negletti e polverosi vasi d'aspidistra.

Abitavamo nella prima periferia, noi, ma avevamo bagni degni di questo nome, non antiquati e scomodi cessi, odorosi di materie organiche in disfacimento, e facevamo il bagno nella vasca da bagno, non nella tinozza di legno, e avevamo, in quello stesso bagno, un sanitario nuovo e in parte misterioso, di difficile interpretazione per noi che venivamo da fuori, il bidè.

4

Colombini abitava in centro. Ma non ricordi quale fosse il suo nome proprio, come non ricordi o meglio, non hai mai saputo, il nome proprio di tutti i tuoi compagni di scuola: come da militare, solo il cognome.

Per quanto ti sforzi, non riesci a immaginare il suo viso. Capelli neri? Forse, con la riga. Un sorriso triste, mite, ma ti si sovrappone l'immagine letteraria di una morte prematura, adolescenziale, di una morte non giusta: «Meglio venirci con la testa bionda?» (Certamente no).

Ricordi, curiosamente, il colore della sua giacca, giallo senape, punteggiata di nero, e un nastrino a lutto cucito sul bavero della giacca, a significare che la famiglia Colombini era stata colpita precedentemente da un altro lutto, un nonno, o addirittura un genitore.

Gli hai mai rivolto la parola? Forse, e ricordi un leggero sorriso di risposta, ma anche questa è probabilmente solo un'impressione stratificata nel tempo e nella somma di tanti tuoi ricordi particolari, di persone incontrate che lui non ha mai potuto incontrare, di gente amata che lui non ha mai potuto amare, di libri letti, personaggi di film e di canzoni che lui non ha mai visto o frequentato, di una vita vissuta che lui non ha mai potuto vivere.

È un cognome locale, Colombini? Forse, ma non lo sai e non importa. C'era già nei primi anni Cinquanta l'invasione, dalla montagna che si stava spopolando, dalla Bassa e dal Sud, di gente che lasciava il mondo natale e veniva ad abitare e a lavorare qui; c'erano già i Randazzo, i Landricina, ma non ci facevi caso, non importava. La vera differenza etnica, razziale era il senso di superiorità che noi delle medie statali avevamo verso quelli dell'Avviamento professionale, tre anni e basta, al lavoro, mentre noi avremmo proseguito per le Superiori e, per qualcuno di noi, si sarebbe aperta l'Università.

Noi che facevamo latino, era il latino il vero passaggio del Rubicone scolastico, il vero segnale che ti faceva sentire di un'altra classe.

5

E noi che studiavamo Latino, noi che saremmo andati alle Superiori, noi che veleggevamo verso futuri universitari, cosa avremmo fatto da grandi? Cosa avrebbe scelto Colombini?

Colombini non sai, non lo conoscevi abbastanza, né lui né la sua famiglia, non riesci a immaginare che strada avrebbe imboccato. I tuoi compagni sì, però. I tuoi compagni lo hanno fatto e lo hai visto fare.

Qualcuno di loro, pochi a dire il vero, al Liceo classico, perché *noblesse oblige*, anzitutto, e oltre al Latino c'era il fascinoso Greco, di difficoltà sovrumana, misterioso come una sentenza della Sibilla, che ti faceva immediatamente salire, te che lo studiavi, su un gradino più in alto, per guardare in giù, fra la plebe. E questo per diventare ingegnere, quei pochi bravi in matematica; o ancora, quei pochi fiori di tendenze poetiche e libresche, a studiare Lettere o Filosofia. Ma nessuno della tua classe fece questo, almeno che tu possa ricordare.

Altri con ambizioni di carriera particolare, per

evitare il pauroso scoglio della lingua greca, allo Scientifico (anche se era appena un gradino sotto al Liceo classico): avvocati, medici, professioni liberali, gente moderna, uomini di scienza nuova e carriere promettenti in politica.

Altri, pochissimi perché sembrava poco virile, all'Istituto Magistrale, una specie di Liceo Classico dei poveri, quattro anni al posto di cinque e buona, quasi: lì, un posto di lavoro subito e vai, nel mondo.

Ma la maggior parte confluiva a Ragioneria, verso un lavoro fisso in banca, ottimo stipendio, lavoro sicuro, una moglie possibilmente belloccia atta alla cucina tradizionale locale, possibilmente aiutata dalla di lei madre, una suocera agghiacciante ma estremamente utile, e vacanze estive o sull'Appennino o, dopo il primo scatto professionale, al mare, spiagge di Romagna. Non era ancora il tempo delle Seychelles.

Allora non sapevamo, né noi né Colombini, quale sarebbe stato il nostro futuro, Colombini meno di tutti noi.

6

Pensandoci, la nostra e futura ondata di ragionieri era l'unica classe di scuola media della città?

Noi eravamo la sezione C, il che voleva significare che esistevano una A e una B. Mai visti, mai conosciuti, a meno che non esistessero, fantasmi intravisti in grembiule nero mentre noi non avevamo grembiuli di sorta, sezioni femminili, che probabilmente entravano da altri portoni o a orari diversi, tenute separate da noi maschi per preservarne l'illibatezza, la purezza monacale come femmine ottomane di harem, e con le quali saremmo stati ricongiunti secoli dopo, solo in occasione di giuste cattoliche nozze.

Avevano, queste sfuggenti femmine, classi a un piano superiore al nostro, le A e le B, e conducevano una vita simile alla nostra ma parallela, un po' diversa.

Un solo bidello controllava questo gran daffare dei due piani, così simili, di divergenze parallele? Così sembrava, ma non è credibile. Perché ce n'era uno, ufficiale, che vedevi all'ingresso della scuola in una specie di gabbiottino a vetri, con alcune sue sculturine in terracotta (in bella mostra su un ripiano) che cercava di vendere a qualche madre che si arruffianava con lui per ottenere qualsivoglia tipo di favore scolastico.

E lui era il tipo che in qualche modo prometteva: dopo iniziali gentili dinieghi sentiva di avere quel potere di mediazione. Un uomo di mezza età, scapolo, forse (ma qui il ricordo fallisce), con radi capelli, coperto da un lungo spolverino nero, gentile (ma non con noi studenti), un po' ruffianesco nei modi e, pensandoci oggi, omosessuale, ma in quei tempi reazionari e bui dei primi anni Cinquanta certe caratteristiche sessuali era consigliabile tenerle nascoste.

E se non era lui a compiere tutte le operazioni inerenti alla sua qualifica, chi era che scopava i pavimenti, gettava le cartacce, puliva i banchi, raccoglieva gli oggetti dimenticati da noi cialtroni? Non lui, certo, lui se ne stava seduto nel suo gabbiottino come un re in trono, quando non veleggiava umile e maestoso allo stesso tempo per le scale e i corridoi della scuola: quando era nella sezione C lo vedevi ma, quando saliva nella A e nella B, scompariva quasi rapito in cielo come il profeta Elia su un carro di fuoco.

Si devono quindi immaginare oscure nottivaghe maestranze atte alle pulizie, forse eredi delle milizie bolognesi catturate dopo la battaglia di Zappolino, quella della famosa secchia, e tenute in cattività fino ai giorni nostri: per umanità, speriamo in una risoluzione delle Nazioni Unite per liberarli.

7

Questi pensieri sono i tuoi, di oggi, Colombini non li ha mai avuti, non ha fatto in tempo a immaginarli, a farli rotolare nella mente, a cercare di risolverli o di scacciarli, perché Colombini è morto nei primi anni Cinquanta.

Non andammo al suo funerale, forse non era previsto dal Regolamento scolastico, non abbiamo visto una madre piangente se esisteva ancora, nessun parente. La professoressa di lettere però ci interpellò, ci disse che era forse il caso di inviare una corona, a nome: «I tuoi compagni di classe». L'avrebbe ordinata lei, poi avremmo fatto una colletta, come avevamo già fatto per l'alluvione del Polesine, per i nostri coetanei vittime delle *rotte* e sommersi dall'acqua del Po. Ne avevamo sentito parlare alla radio e visto nei cinegiornali, proiettati prima del film. La televisione non c'era ancora.

Andammo invece alla Festa degli Alberi, il mattino del 21 novembre. In un primo momento quella abbastanza lunga passeggiata all'aperto ci aveva eccitato, resi euforici. Poi là, nell'allora vasto piazzale di fronte alla chiesa di Sant'Agnese, in piedi, con un vento di rovaio proveniente da nordest, diritto dalla Slovenia e dalle doline del Carso triestino senza incontrare barriere di Appennino, un vento crudo che segava la faccia e faceva tintinnare le orecchie come fossero di cristallo, a veder piantare uno striminzito abete che, se ancora vivo, sarebbe stato spazzato via da un successivo palazzone, in quel piazzale allora deserto ma poi ghiottamente edificabile.

Non vedevamo l'ora di rientrare al caldo della nostra classe, come gli sfortunati "patronatini", gli orfani cittadini costretti a seguire, con un certo sadismo dei loro pubblici tutori, ogni manifestazione pubblica, funerali e Festa degli Alberi, i maschi col grembiulino a scacchetti blu, le femmine con quello rosa. Dai loro volti infantili, più infantili dei nostri volti adolescenti, traspariva una tristezza infinita.

Ricordi ancora quella mattinata di sole pallido e sfuocato, velato da sottili nubi, di vento gelido, con l'unica voce di speranza che di lì a poco, un mese solo, sarebbe stato Natale, due settimane di vacanza, il ritorno sull'Appennino, i cibi della tradizione natalizia montanara.

8

Tu pensavi a questo, Colombini era già morto, già dimenticato.

Non ha visto quel Natale, come tutti gli altri innumeri Natali successivi, non ha più festeggiato un nuovo anno.

Non ha provato l'eccitante ubriacatura di un amore giovanile, né un'eventuale forse futile tragedia ritenuta allora insopportabile, di un abbandono.

Non ha seguito il crollo della Legione a Dien Bien Phu, non si è emozionato per il primo Sputnik sovietico a viaggiare nello spazio, per Yuri Gagarin e la povera eroica cagnetta Laika.

Non ha vissuto gli anni dell'apparizione della televisione: prima sperimentale, per pochi, poi in ogni casa, Mike Bongiorno e *Lascia o Raddoppia*, per l'arrivo delle televisioni commerciali, per quello delle cosiddette radio libere; per il disastro del Vajont, per l'omicidio di Kennedy, per il papa buono e gli altri sei seguenti, per il Sessantotto e una relativa libertà sessuale, per i primi uomini sulla Luna, per i Beatles e il Vietnam.

Quante te ne sono mancate, Colombini, quante non ne hai viste. Meglio così? Noi che ci siamo stati e abbiamo visto e abbiamo vissuto, nel bene e nel male, non lo crediamo: meglio esserci stati, meglio aver visto, aver vissuto, e non essere scomparso come un soffione che a un semplice alito di vento è volato via, da ragazzo, un adolescente nei primi anni Cinquanta.

Il giornalista

1

Entrò incerto, timido, titubante. Un giovane sui vent'anni (ma il suo viso ne dimostrava meno). Si era aspettato qualcosa di più, dalla porta d'ingresso, spalancata, aperta a chiunque avesse avuto l'intenzione di entrare. Invece c'era solo una piccola targa di metallo, annerita dagli scarichi dei veicoli, a indicare che il posto in cui voleva andare era proprio quello.

Dopo una stretta e anonima stradina del centro città (e già questo lo aveva lasciato sconcertato), si sarebbe aspettato almeno un'insegna luminosa, una scritta in grandi dimensioni, qualcosa a indicare che lì, dietro a quella porta, sorvegliata da un buttafuori gallonato, severo e indagatore su chiunque volesse sorpassare quella soglia, stava la redazione del quotidiano locale, il centro dei suoi desideri.

Perché lui, Giovanni Rossi (nome quanto mai anonimo e banale di cui un poco si vergognava e che fantasticava di cambiare con uno pseudonimo più folgorante non appena diventato una firma famosa), finite le Superiori qualche mese prima, voleva fare il giornalista. Per questo motivo quella mattina era sceso dall'Appennino per parlare con qualcuno, per dimostrare che sapeva e poteva scrivere, perché sentiva che poteva e voleva fare quel mestiere.

Era rimasto un po' disorientato dalla semplicità e dalla relativa povertà dell'ingresso. Le uniche esperienze che aveva in fatto di redazioni di giornali erano quelle viste e riviste in tanti film americani: insegne sfolgoranti di neon che, sopra l'ingresso, squillavano al mondo la testata del giornale; un turbinio di gente che correva in qua e in là urlando di notizie le più disparate; telefoni che trillavano incessanti sovrastati dal rumore infernale delle telescriventi e delle rotative.

Invece niente di tutto questo, l'ingresso era una stanzetta rettangolare su cui stagnava un assoluto silenzio, rotto un momento dalla sgasata di un motorino che stava passando lungo la strada.

Nella parete di fronte si apriva, a un metro e mezzo dal suolo, una finestra rettangolare dietro alla quale si poteva intravvedere un tavolo su cui era posato un telefono. Dietro, sul muro, un grande orologio murale che segnava le undici e mezzo.

Ma dentro a quella specie di portineria non c'era nessuno. Di fronte alla porta d'ingresso, una scala sembrava salire al piano superiore e, appena a sinistra, una stretta fila di sedie, collegate fra loro come a teatro.

Il giovane rimase un attimo in piedi, aspettando

che qualcuno arrivasse e si facesse vivo, gli domandasse qualcosa, chi era, cosa voleva, dove poteva andare per parlare con un capo, un responsabile, per chiedere di farsi assumere, di poter dimostrare in qualche modo le sue potenzialità, ma non vide arrivare nessuno. Allora decise di sedersi su una di quelle sedie.

Restò in silenzio a guardarsi attorno, a osservare il muro di fronte, il gabbiottino con lo sportello a vetri; rimirò con grande attenzione la punta delle scarpe, si grattò la testa poi decise di accendersi una sigaretta.

2

Era sceso dalla montagna con un magro bilancio e, tolti i soldi del biglietto andata e ritorno, era rimasto con duecento lire che aveva parzialmente investito, appena arrivato, in un cappuccino con brioche (folle diversivo dal consueto caffelatte mattutino casalingo), settantacinque lire.

Gli era venuta voglia di fumare e si era comperato cinque Nazionali semplici. Il tabaccaio gliele aveva consegnate in una bustina di carta trasparente, che lui aveva subito infilato nell'apposito taschino della nuova giacca color verde spento. «È un "fresco" di lana estivo, questa stoffa, senti che roba, è leggera ma allo stesso tempo ripara da un eventuale rinfresco del tempo. Andrà bene anche in autunno» aveva detto, mellifluo, il sarto.

I cerini già li aveva. Date un paio di boccate, stava per gettare la cenere a terra ma si fermò. Non vide cicche sul pavimento e cominciò a guardarsi attorno per cercare una qualunque cosa che potesse servirgli da portacenere, quando sentì una voce apostrofarlo: «Ehi, giovane!».

Dietro al vetro nella parete di fronte era apparso qualcuno. Età fra i sessanta e i settanta, radi capelli bianchissimi con la scriminatura in mezzo, un viso sbarbato, roseo, giovanile. Al collo una cravatta a farfalla, l'uomo indossava una camicia a righine bianche e azzurre, chiusa ai polsi da bottoncini di madreperla e tenuta agli omeri da una specie di "giarrettiere" color rosso cupo; completava un panciotto di fantasia arabescata. L'anziano lo guardava con curiosità.

«Giovane!» ripeté.

Il giovane si indicò il petto con l'indice: «Dice a me?».

L'anziano sorrise: «Ne vede altri attorno a lei? Parlo con lei, di certo. Vedo che sta fumando e che è in cerca di un qualcosa atto a contenere la cenere della sigaretta. Se me ne offre una, di sigarette dico, gliene potrei offrire uno, di portacenere».

Il giovane estrasse la bustina e a malincuore offrì al personaggio che era apparso dietro al vetro. Gliene restavano solo due, e la situazione sembrava allungarsi. Intanto l'anziano si era acceso la sigaretta e, sdraiato all'indietro sulla sua sedia, se la fumava beatamente.

«Ah, che bel vizio, quello del fumo. Come tutti i vizi, d'altra parte, e tutti i vizi sono dannosi alla salute. Ma lei cercava una ceneriera; venga qui, vicino a questa finestrella che mi separa dal mondo, eccolo qui il portacenere. Prego, se ne serva, lo usi pure.»

Dette un'altra boccata con evidente soddisfazione: «Le sigarette non le compero più, ho deciso di smettere di fumare, così quando non ne ho non fumo. Ma ogni tanto, eeh, ogni tanto mi viene voglia, e allora,» diede una breve risatina «allora ne scrocco una. Sa da quando ho deciso di smettere di fumare?»

Il giovane scosse la testa: «Non saprei».

«Quasi non saprei nemmeno io. Saranno trenta, quarant'anni.» Spense la sigaretta, ormai totalmente consumata, nel portacenere: «È per la voce, il fumo fa male alla voce. Perché io non ho fatto il portiere tutta la vita, io facevo il cantante». Si raddrizzò sulla sedia: «Ha mai sentito il nome di German Zana? No eh? Eeh be', è giovane, capisco, ma ero famoso ai miei tempi, Germano Zanasi, German Zana, nome d'arte sa, si usava, ero tenore, tenore d'operetta. Il mio cavallo di battaglia era la romanza *Tu che m'hai preso il cuor* dall'operetta *Il paese del sorriso*».

Si alzò in piedi mostrando al giovane la parte inferiore del suo abbigliamento. I calzoni, bermuda sotto al ginocchio, erano accuratamente stirati, con la piega, e sotto, a coprire le gambe, spuntava un paio di calzettoni, dello stesso disegno della cravatta a farfalla, che entravano in scarpe nere dalla punta quadrata, lucidissime.

Si mise in posa canora e risuonò nel gabbiotto un «Tu che m'hai preso il cuor...», cantato con voce limpida, impostata, tenorile, che però poi, verso l'acuto finale, s'infranse.

Il cantore si rimise a sedere: «Sono passati gli anni, non sono più quello di una volta. Ma ai miei tempi me la cavavo più che bene. Facemmo un mucchio di repliche a Milano, le critiche erano ottime e poi... bei tempi, quelli, eeeh, sa» e si fece avanti con aria complice «quanti amori, quanti! Non con le soprano, primedonne con la puzza sotto al naso, in cerca di miliardari, di pezzi grossi da spolpare, per ricevere diamanti in dono e cene a base di champagne, ma amori con le ballerine di fila... quante ne avrei da raccontare, quante!».

Si fermò e sospirò: «Non avrebbe un'altra sigaretta da offrirmi?».

«No, le ho finite purtroppo» ebbe il coraggio di rispondere il giovane, mentendo, dopo una breve esitazione.

L'anziano guardò il grande orologio murale: «Accidenti, è già l'una. Lascio il servizio e la fortezza momentaneamente incustodita. Vado a casa a farmi un boccone, tanti amori e nessuna moglie. Ma lei, mi scusi, aveva bisogno di qualcosa?».

Giovanni arrossì: «Avrei voluto parlare con qualcuno della redazione».

«Ma benedetto ragazzo, è venuto nel momento sbagliato. A quest'ora su non c'è ancora nessuno. Perché evidentemente non ci sono notizie. Se ci fossero state notizie, notizie serie dico, non so, una grande disgrazia qui in città, cinque morti in un cantiere operaio, un bell'omicidio, un marito che ammazza la moglie a martellate, roba così insomma, avrebbe visto la redazione al completo e in subbuglio, i fotografi correre, ci sarebbero stati tutti. Evidentemente non è accaduto nulla, come dicono gli inglesi, *no news good news*. Senta me, vada a mangiare qualcosa e torni qui verso le quattro. Nel frattempo, in bocca al lupo per tutto quello che desidera e piacere di averla incontrata e aver chiacchierato con lei.»

L'anziano scomparve in un attimo, così com'era apparso, svanendo dietro a una porta che non si vedeva da fuori, all'angolo del gabbiotto.

3

Il giovane era rimasto là, in piedi, sconcertato. Era l'una appena passata, l'ultimo ricordo di cibo quella brioche che aveva accompagnato il cappuccino della mattina. Lo stomaco gli ruggiva dalla fame, avrebbe venduto la giacca di "fresco" estivo per una rosetta ripiena di mortadella. Il solo pensiero gli inondò la bocca di saliva.

Si aggirò per il centro città, fumò la penultima delle due sigarette sperando che la nicotina attenuasse il languore, ma contro quella fame avrebbe dovuto fumare almeno un pacchetto.

Vicino a una scuola comperò, da un venditore ambulante che aspettava l'uscita degli studenti con una cassettina appesa al collo, un paio di stecchini ai quali erano infilzate fettine di mela, ricoperte da una glassa di zucchero caramellato. Più un palliativo che una soluzione.

Dopo questa spesa, gli erano rimaste dieci lire. Entrò da un tabaccaio, le mise sul banco e ordinò, a bassa voce: «Una Nazionale semplice, per favore».

Il tabaccaio lo guardò e, prima di dargli la sigaretta gli chiese ironico: «La fumi subito o te la incarto?».

Si addentrò in un parco pubblico e, sdraiato su una panchina, si assopì: alla mattina si era alzato presto, e le emozioni della giornata avevano fatto il resto. Si svegliò che erano le quattro e si diresse velocemente verso la sede del giornale.

L'atrio era come l'aveva trovato alla mattina, deserto e silenzioso; non c'era neppure l'anziano cantante dentro al suo gabbiotto. Si sentiva però un certo brusio al piano superiore. Il giovane imboccò le scale e si trovò davanti a una grande sala. Capì che era la redazione della Cronaca del quotidiano locale. Fu colto da una grande emozione al pensiero che lui, proprio lui, un giorno avrebbe potuto farne parte.

C'erano diverse scrivanie a un posto solo, quadrate, dotate di telefono e grandi macchine per scrivere, occupate da uomini che parlavano al telefono, battevano a macchina, introducevano o estraevano fogli nel rullo o li appallottolavano e li gettavano in un cestino.

In fondo alla sala, addossata alla parete, stava una scrivania più grande, rettangolare, dietro alla quale sedeva un tipo sulla quarantina, capelli brizzolati pettinati e lisciati all'indietro, occhiali da vista con pesante montatura. Una sigaretta gli ondeggiava pendula all'angolo della bocca, e il fumo che ne saliva non sembrava infastidirlo. L'uomo, in giacca ma senza cravatta, parlava reggendo con una mano il telefono, mentre con l'altra gesticolava per dare più forza a quello che andava dicendo.

Il giovane si incantò a fissare i movimenti della sigaretta che danzava, ballando al ritmo delle parole. Forse era quello, il capocronista, la persona alla quale avrebbe dovuto rivolgersi. Si avvicinò verso la scrivania, ma nessuno dei presenti diede segno di notarlo. Si fermò timidamente a un paio di metri di distanza, tanto da cogliere alcuni frammenti di conversazione: «Chiama il fotografo, che scatti foto delle macchine coinvolte». Poi lo vide allontanare il telefono dalla bocca, ma solo per urlare: «Ma dov'è Vittorio, cazzo! Com'è che quando c'è bisogno di lui non c'è mai?!».

«È a fare il giro di Nera» rispose uno.

«Be', fa niente, volevo mandarti un collega a darti una mano, ma non c'è. Ricordati che voglio una foto dei due morti. Chiedile alla famiglia, sei un giornalista, cazzo, non ti devo insegnare io come fare, se sanno che verranno pubblicate non vedranno l'ora di dartele, quelle foto, santo cielo!»

Il capocronista sbatté il telefono sulla forcella, si tolse la sigaretta dalla bocca, la spense nervosamente nel portacenere e se ne accese subito un'altra.

Il giovane restò indeciso a valutare se fosse il momento giusto per disturbare, quando uno dei giornalisti in sala si avvicinò alla scrivania: «Ha telefonato il corrispondente di...» e fece il nome di un popoloso paese della montagna.

Disse: «Chi? Quel figlio di cane, quel grande ballista del vitello così grosso che hanno dovuto sfondare la porta della stalla per farlo uscire? I colleghi delle altre due testate locali ci hanno preso per il culo per mesi. Che altra grande fandonia ci racconta, oggi?».

Il giornalista della pagina di provincia rise: «È bella grossa anche questa. Hanno trovato un fungo di venti chili».

«Un fungo di venti chili? Ma cosa aspettiamo a mandarlo a farsi fottere quel corrispondente, come si chiama, Galli? Cos'è, un fungo marziano, un parente del famoso vitello?».

4

Giovanni, che aveva seguito quello scambio di battute, si era avvicinato: «Scusatemi, ma può darsi che sia vero, il fungo dico; si tratta probabilmente di un barbagino, come lo chiamiamo noi, in italiano grifola frondosa: è un parassita del castagno, fa ogni anno nella ceppaia della stessa pianta. È ottimo commestibile e può arrivare fino a quel peso, anche se a volte, come il pesce di certi pescatori, ne viene aumentata la grandezza nel racconto popolare. Ne avevo trovato uno da ragazzo, di otto etti, che era arrivato in un giorno a dieci chili; può raggiungere quelle dimensioni, ho sentito parlare di roba da quindici, venti chili».

Il giovane aveva vinto la timidezza e aveva parlato tutto d'un fiato.

Il capocronista lo guardò: «Lei cos'è, un micologo? Come si chiama?».

«Mi chiamo Giovanni Rossi e conosco quel fungo perché, come le ho detto, ne ho trovato uno anch'io: sono originario della montagna.»

«Giovanni Rossi? Se lei fosse americano si chiamerebbe John Smith» rise il giornalista della pagina di provincia.

«Senti,» fece il capocronista «come siamo messi oggi nella tua pagina?»

«Abbiamo poca roba.»

«Allora pubblica pure lo stramaledetto fungo, a tre colonne, ma ti deve mandare la foto, mi raccomando la foto.»

Nel frattempo, dopo aver attraversato la sala dei giornalisti, degnato appena di qualche sguardo e di vaghi gesti di scongiuro, si era fermato a rispettosa distanza dalla scrivania un giovane sacerdote in elegante clergyman. Aveva tossicchiato per attirare l'attenzione.

Il capocronista alzò lo sguardo: «Oh, don Eugenio, cosa la porta qui, che piacere vederla!».

Il prete si avvicinò, e i due si strinsero la mano.

«Buon giorno, dottor Luppi, le porto i saluti di Sua Eminenza» disse con voce flautata.

«E io ricambio i saluti. Come posso esservi utile?'»

Il prete si chinò e parlò a bassa voce, poi estrasse di tasca una busta e la porse al capocronista: «Mi raccomando, dottore, Sua Eminenza ci tiene tanto» e si allontanò fluttuando fra le scrivanie.

Squillò il telefono: «Sì, pronto. Sì, lo sento che sei in un bar. Cos'è? Non sei riuscito a farti dare le foto? Ma che cazzo di giornalista sei, senza quelle foto l'articolo vale meno della metà». Poi, rivolto alla sala: «È tornato Vittorio? Sì, mi dicono sia tornato; ti mando lui, vedrai che se le fa dare, ma non tornate senza, capito?» e sbatté il telefono sulla forcella.

Sospirando cominciò a giocherellare con la busta che gli aveva lasciato il prete, facendola picchiettare contro la scrivania. Si accorse del giovane, che non si era mosso da lì: «Ah, il micologo montanaro. Ha bisogno di qualcosa?».

«Se ha un attimo di tempo vorrei parlarle.»

«Come vede qui di tempo non ce n'è tanto. Ma mi dica.»

«Ecco,» e prese tutto il coraggio che aveva «ecco, sono qui perché vorrei provare a fare il giornalista.»

Il capocronista rise: «Eccone un altro! Vedono un film e pensano che il nostro sia un mestiere affascinante, pieno di avventure, il fascino dell'inviato speciale, in giro per il mondo, alberghi di lusso e belle donne. Fare il giornalista è un mestiere di merda, mettitelo in testa, ragazzo. Non hai visto cosa significa fare il giornalista fra vitelli colossali, funghi di grandezza spropositata e foto che non si riescono a ottenere?».

Era passato, istintivamente, dal lei al tu: «Tu sogni il grande giornalismo, ma è anche qui, in questo piccolo giornale di provincia, che si macina il giornalismo. In questo giornale di merda, in questa piccola città di merda. Non ci sono mai delitti clamorosi, non ci sono scandali finanziari da miliardi, ci sono vitelli giganteschi e funghi abnormi, ecco cos'è il giornalismo qui».

Il giovane, umiliato, chinò la testa e si avviò per uscire.

«Ehi, aspetta un momento, vuoi fare il giornalista? Fermati un attimo.»

Prese la busta ed estrasse un foglio, lo scorse: «Ecco, se vuoi fare il giornalista, ti offro una possibilità. Sua Eminenza l'Arcivescovo di questa città ci prega di dare notizia dei cinquant'anni di sacerdozio di monsignor Erberto Prandi, di Campogalliano di Carpi. Vuoi fare il giornalista? Affacciati alla realtà di questo mestiere. Lì c'è una scrivania libera, siediti e scrivimi l'articolo, considera una colonna, massimo due».

Il giovane prese il foglio, gli tremavano le mani. E proprio in quel momento il suo stomaco ululò dalla fame.

Il capocronista se ne accorse: «Cosa c'è, hai mangiato pesante, oggi? Vai a scrivere ed auguri».

Il giovane si sedette. Di fianco, in una cassetta, una pila di fogli giallini già squadrati. Trasse di tasca la stilografica e la picchiettò contro la scrivania cercando un'ispirazione, un'idea, come faceva a scuola con i temi. Ricordava, le aveva lette da qualche parte, le regole fondamentali da osservare scrivendo un articolo per un giornale: chi, dove, quando eccetera eccetera; ma queste non avevano niente a che fare col maledetto monsignore.

5

Si ricordò allora di una vecchia storiella, una barzelletta, di un vescovo tornato al proprio paesello natale per officiare la prima Comunione ai bambini del luogo. Uno di questi bambinetti, sfiancato dall'attesa, emozionato, l'aveva insultato. Il prelato allora, persona caritatevole e mansueta, lo aveva preso da parte per rabbonirlo, raccontandogli la storia della propria vita, della sua vocazione precoce, di come lui stesso, bambino di quella età, aveva abbandonato le casette di pietra grigia per recarsi in seminario. Quella poteva essere un'idea di partenza.

A Campogalliano non c'erano casette in pietra grigia ma case di campagna, campi di grano e di mais, papaveri nei campi, vacche nelle stalle... no, meglio farle diventare mucche... la nostalgia per questo mondo campestre, i giochi infantili abbandonati... ma volontà nella vocazione e sacrificio al servizio di Dio e della gente.

Entusiasta dell'idea si mise a scrivere e, dopo una buona mezz'ora, aveva buttato giù un pezzullo che rilesse soddisfatto. C'era qualche cancellatura qua e là, ma nel complesso lo trovava giusto. Si alzò e andò a consegnarlo al capocronista.

Questi prese il foglio con due dita, come se avesse paura di sporcarsi, lo degnò di un solo sguardo, poi lo riconsegnò al giovane: «Secondo te, io dovrei perdere tempo e occhi per interpretare la tua calligrafia? Battilo a macchina, torna a sedere e riportamelo scritto in maniera civile».

Si rimise alla scrivania, ma dentro, oltre al turbinio di fame che gli riduceva lo stomaco a una pista di criceti che correvano instancabili su una ruota, c'era l'umiliazione, il sentirsi giudicato e trovato scarso. Per la prima volta aveva affrontato una vera difficoltà, un vero ostacolo della vita. Si sedette e gli venne da piangere, ma trattenne a stento le lacrime, aveva paura che lo vedessero.

Non sapeva scrivere a macchina, non l'aveva mai fatto. Piano, lentamente, cominciò a copiare il proprio scritto, indice dopo indice, parola per parola. Ci volle un'altra buona mezz'ora, poi, finalmente, il brano era copiato, con mille errori di battitura, mille correzioni.

Consegnò trepidante il tutto e attese la sentenza.

Il capocronista questa volta prese il foglio e lo lesse, con attenzione: «Non è male» disse «ma io lo farei un po' meno bucolico, più sobrio, meno campi di papaveri e mucche, e più seminario, più vocazione cristiana; rifallo con questo concetto e riportamelo».

Giovanni si riprese il foglio. Avrebbe voluto urlare che del giornalismo non gli fregava più niente, che quell'idea era stata un errore madornale, il peggiore della sua vita, che voleva tornare a casa, ma si sedette e corresse là dove il capo gli aveva suggerito.

Il capo glielo fece rifare altre due volte. Finalmente guardò il foglio e sentenziò: «Niente male, può andare bene a, diciamo, due colonne. No, niente firma, scherzi, per un pezzullo da niente, però vai benino. Fatti rivedere e vedremo quello che si può fare per te».

Giovanni ringraziò. Guardò istintivamente fuori dalle finestre davanti a lui, alle spalle del capo. Fuori imbruniva. Si rese conto, con tragica certezza, che aveva perso fra una correzione e l'altra l'ultima corriera per tornare a casa, quel giorno.

Scese la scala. Nell'atrio ancora silenzio, solo il brusio della sala di sopra. Nel gabbiotto non c'era nessuno.

6

Uscì. Si sentiva stanco, affamato, disilluso, triste. Si sentiva solo.

Fece qualche passo avanti, poi cambiò idea e tornò indietro, ma dove andare, senza una lira in tasca, senza una meta, un indirizzo, una destinazione?

Poi, d'improvviso, l'idea, la folgorazione, la fame aveva forse fatto esplodere un lampo nella sua testa, aveva creato il miracolo. Zia Arianna! Perché in città abitava una sua zia, una sorella più anziana della madre, di una decina d'anni.

I rapporti fra le sorelle si erano interrotti diversi anni prima per una questione d'eredità: un campicello montano che, come unica rendita, obbligava il proprietario a versare la somma annuale di lire centosettantacinque alla Società di Bonifica fluviale, la società provinciale che curava l'assetto del letto del fiume, che scendeva dai monti e si gettava a valle nel Po. Una sciocchezza, ma fra le due sorelle erano volate parole grosse, e non si erano più parlate.

Ma Giovanni ricordava dove la zia Arianna abitava, c'era stato anni prima a casa sua, viveva col marito, un pensionato scorbutico di nome Anselmo. Con lui la zia, c'era da sperare, non aveva rancori di sorta, l'avrebbe accolto, l'avrebbe anche invitato a cena, sfamato.

Si sentì rinfrancato, percorse le stradine del centro storico cercando di ricordare un angolo, un particolare che gli dicesse d'aver raggiunto la meta. Poi, finalmente, vide la casa.

Era una palazzina vetusta, a tre piani. Il portone era chiuso, ma di fianco c'era un moderno citofono. Cercò un cognome e lo trovò: assieme a un cognome nome sconosciuto, c'era quello di sua madre. Suonò.

Dopo una pausa che sembrò interminabile si sentì finalmente una voce femminile, di anziana: «Chi è?».

«Sei tu, zia Arianna? Sono tuo nipote, il figlio di tua sorella Erminia; sono di passaggio, qui in città, e sono venuto a farti visita.»

Silenzio. Poco dopo: «Chi hai detto che sei?».

«Sono Giovanni, zia Arianna, sono tuo nipote.»

«Fatti sentire bene, vieni vicino al citofono. Sei solo?»

«Sì, zia, sono solo.»

Ancora silenzio, poi qualcosa successe dall'altra parte. Un grido: «Ah, Giovanni, il figlio dell'Erminia! Che sorpresa, che piacere! Vieni, vieni su, siamo al terzo piano, vieni».

Scattò il comando e si aprì il portone. Giovanni accese una luce "intermittente" e salì le scale. La luce si spense prima che fosse arrivato. Annaspò al buio e si sentì perso, aggrappato alla ringhiera; sentì uno sferragliare di serrature che venivano tirate, di catenacci che cadevano: una porta si aprì in fessura e finalmente apparve la zia Arianna.

Non se la ricordava bene, era tanto che non la vedeva. Un'anziana signora, piccola, con i capelli grigi che da tempo non incontravano un parrucchiere, in ciabatte slabbrate, vestita con una gonna e una blusa che non avevano mai conosciuto passate eleganze.

Avvolta in uno scialle grigio fatto ai ferri, abbracciò il nipote: «Che piacere, Giovanni, fatti vedere, ne è passato di tempo, eh? È tua madre che è un po' testarda, testona, tutto il carattere della nonna, un po' permalosa, ma fa niente, lasciamo stare, ho proprio piacere a rivederti, vieni di là che c'è lo zio: mio marito Anselmo, avrà piacere anche lui a vederti».

Una luce fioca illuminava un breve corridoio, alla destra del quale c'era, probabilmente, un piccolo bagno; in fondo, sulla sinistra, si intravvedevano un soggiorno e una camera da letto.

Entrarono nel soggiorno. Seduto a una estremità del tavolo un vecchio, con una logora giacca da camera addosso. Stava leggendo un giornale.

«Selmo,» fece la zia «c'è qui Giovanni, nostro nipote. È venuto a trovarci.»

L'uomo non alzò nemmeno lo sguardo dal giornale: «Nipote? Che nipote? Non ho nipoti, io».

«Ma sì che ce l'hai, il figlio di mia sorella, Giovanni.»

«Il figlio di quella strega di Erminia, non lo voglio vedere.»

Arianna ridacchiò: «Fa sempre così quando legge il giornale. Lo legge adesso, perché lo acquista a metà col barbiere che ha la bottega qui sotto e che alla sera, quando chiude il negozio, glielo passa. Tanto, per le belle notizie che ci sono, è bene pagarlo solo la metà. Lui legge il giornale e si innervosisce». Sospirò: «Ma siediti, raccontami un po': cosa fai, hai finito gli studi, lavori?».

«Sì, ho finito e mi sono diplomato, in attesa di decidere se andare o meno all'università. Sono sceso in città per cercare un lavoro, per mantenermi agli studi.»

«Bravo, davvero un'ottima iniziativa, con quello che costa la vita oggi. E dimmi, come sta tua mamma?»

«Be', abbastanza bene, qualche acciacco dell'età ma in complesso se la cava.»

«Il babbo purtroppo se ne è andato, eh, l'ho saputo, il cuore mi hanno detto. Che disgrazia, era ancora giovane, era.»

Rimasero in silenzio, un silenzio scandito dall'ansimo di un colossale pendolo appeso al muro che, nell'andare e venire incessante, sembrava rimarcare il significato della scritta in gotico, impressa sulla facciata di legno: "*Tempus fugit*".

Ma il tempo sembrava non voler fuggire: dopo le usate banalità, i due sembravano non aver più nulla da dirsi. Rimasero seduti a guardarsi in giro, a guardarsi in faccia, senza aggiungere altro, come se si fossero già detti tutto.

Poi, finalmente, la zia ruppe il silenzio: «Be', caro Giovanni, mi ha fatto proprio piacere la tua visita. Non è per mandarti via ma di solito, a quest'ora, Anselmo e io mangiamo qualcosa. Siamo vecchi e mangiamo poco, ti inviterei ma so che farei una brutta figura, quindi...».

Giovanni, a sentire parlare di cibo, fu assalito da un coraggio leonino che non sapeva di avere. La paura di dover salutare e andarsene senza ingoiare nulla gli fece trovare le parole prima che quella remota possibilità, in cui aveva vagamente sperato, si dileguasse: «Non mi importa quello che c'è, zia, mi va bene tutto, resto volentieri per il piacere della compagnia, per stare ancora un po' assieme dopo tanto tempo».

La zia scosse la testa mestamente: «Se è così resta pure, ma ti devi accontentare di poco, una minestrina in brodo, un po' di pastina».

Si alzò e sistemò tovaglia e fondine: «Eh, da vecchi si mangia poco, non è più come una volta, mi dispiace per te, che sei giovane», poi sparì nel vicino cucinotto.

«Non ti preoccupare zia, l'ho detto, resto volentieri per la compagnia.»

Anselmo, gettato il giornale, si era accostato al tavolo e mugugnava.

Finalmente la zia riapparve, reggendo una pentolina d'alluminio, da cui scodellò la minestra nei piatti. Apparve un brodo in cui nuotavano rare stelline di pasta.

«Non è brodo-brodo» precisò inutilmente la zia. «È brodo di dado: per noi due non sto a comprare manzo e gallina, sarebbe sprecato, lo faccio col dado ed è buono lo stesso.»

Giovanni, che stava morendo dalla fame, si gettò su quella scarsa minestrina e in poche cucchiaiate la finì.

La zia tolse i piatti: «Mi viene in mente» disse alzando gli occhi al ricordo «che tua madre faceva la "zuppa imperiale", col brodo di cappone. Com'era buona!».

«La fa ancora, zia.» Giovanni, nel rammentare quel piatto di alcune domeniche di festa, ebbe un guizzo di dolore allo stomaco, ancora vuoto.

«Adesso un po' di frutta» fece allegramente la zia, e mise in tavola un piccolo vassoio di vetro contenente delle mele. «Sono mele così grosse che noi ne mangiamo solo mezza per uno, ma tu, che sei giovane, puoi mangiarne anche una tutta intera!».

Giovanni deglutì ma scosse fermamente il capo: «No zia, grazie, ma sono davvero molto grosse, ne mangerò mezza anch'io». La masticò e la rimasticò, e il frutto fu presto divorato. Gli vennero in mente le pere di Pinocchio, ma non era rimasto niente, né del torsolo, né della buccia. Erano restati solo i semi, che Giovanni tolse castamente dalla bocca con le dita e distrattamente, e furtivamente, appoggiò sulla tovaglia.

In un silenzio gravido di nessun significato, il pendolo suonò l'ora con lunghi angoscianti rintocchi che si sparsero piano, presero possesso dell'appartamento e si dileguarono lentamente con un'onda sonora che, a poco a poco, si smorzò.

Giovanni sobbalzò, quasi spaurito.

«Be', caro nipote, come vedi si è fatto tardi, e Anselmo e io siamo abituati, a quest'ora, ad andare a letto.»

7

Così il giovane si trovò di nuovo all'aperto, senza aver placato la fame che gli ribolliva dentro. Era disperato: "Cosa faccio adesso? La corriera per tornare a casa parte solo domattina, a mezza mattinata: dove vado per questa notte, cosa faccio?".

Si incamminò a passi lenti, uno dopo l'altro, calciando un sasso, un foglio di carta accartocciato, una castagna d'India che sembrò rotolare verso la stazione delle corriere, l'unica cosa che poteva rappresentare un legame, una speranza, verso casa sua, verso un porto sicuro, verso del cibo.

Camminava ciondolando, tanto fretta non ce n'era, aveva tutta la notte e mezza mattina davanti. Gli venne ancora da piangere. Camminava e camminava, rifacendo quella strada che aveva percorso con ben altro spirito alla mattina.

A un certo punto si fermò. Era vicino a un edificio, una chiesa, forse un convento. Annusò l'aria col naso in alto, come un cane. Aveva percepito con i sensi all'erta, come un animale, un odore inconfondibile: odore di cucina, di roba da mangiare. Si avvicinò. Vide una porta illuminata, sulla quale sostava una figura che riconobbe: un frate, un frate francescano.

«Buona sera, padre» fece.

Il frate lo guardò: «Buona sera, figliolo» disse.

«Scusatemi padre, ma questa è la vostra mensa?»

«La nostra e di tutti quelli che ne hanno bisogno.»

«Voi dite che io potrei...»

«Se hai fame, entra fratello e saziati. Sia lodato Gesù Cristo!»

«Sempre sia lodato» fece Giovanni, e si precipitò al tavolo.

Sedute a quel tavolo, illuminato da una sfuggente lampada al neon, c'erano altre persone, chine sul piatto mentre si nutrivano in silenzio. Quasi tutte in silenzio, eccetto un'anziana signora vestita di abiti stravaganti e variopinti che, masticando, biascicava oscure parole di minaccia o di rimpianto.

Gli fu servito un piatto ricolmo di minestra di fagioli. La pasta era quella che, sembrando i grani grossi del rosario, sua madre chiamava *pater noster*.

Alle prime due cucchiaiate, mandate giù come se non avesse avuto un domani, sentì che non aveva mai assaporato niente di più buono nella sua, seppur breve, vita. Decise di mangiare più lentamente, a ogni cucchiaiata gustava quel cibo con un piacere infinito. Portava alla bocca i fagioli, i suoi preferiti, i borlotti, e con la lingua li schiacciava contro il palato per sentire come si scioglievano, spargendo il loro magico sapore. Riconosceva vaghe tracce di passata di pomodoro e, come un sommelier che degusta un vino raro e prezioso, notava sentori lontani di salvia e di rosmarino.

Il tutto sotto lo sguardo benevolo del frate, che lo vezzeggiava come una madre amorosa: «Mangia, mangia fratello, ma attento a non ingozzarti. È tanto che non mangi, eh?».

8

Uscì sazio, soddisfatto: gli era tornato l'ottimismo. Si frugò istintivamente in tasca e trovò l'ultima sigaretta, rimasta nella bustina di carta trasparente. Gettò la bustina e si accese la sigaretta, respirandola voluttuosamente mentre riprendeva a camminare.

In poco tempo arrivò alla stazione delle corriere. A quell'ora le ultime stavano partendo, occupate da pochi passeggeri che si muovevano in fretta, e le cui voci risuonavano sulle pensiline.

Cercava la pensilina della sua corriera, quella che al mattino dopo l'avrebbe riportato a casa, quella che l'avrebbe riconsegnato a un mondo famigliare conosciuto, nel quale si sentiva protetto, accudito.

Trovò finalmente la pensilina giusta: era ormai scomparso il confuso vociare lontano, attorno all'ultima corriera che era evidentemente partita con fragore di motore messo in moto. Non c'era più nessuno. In alto, un tubo al neon, che in parte stava esaurendosi, spargeva una luce incerta e intermittente all'intorno.

La macchina, in quella luce fioca, in quel vedo e non vedo, gli sembrò un pachiderma assopito, una balena spiaggiata, come aveva visto, accompagnata da musiche tragiche, in alcuni cinegiornali proiettati prima del film. Silente, non minacciosa ma in attesa di un qualcosa che sarebbe potuto accadere.

Qualcosa infatti accadde. Da dietro alla corriera sbucò improvvisamente, come un misirizzi grottesco, un tizio di un'età che Giovanni non sapeva chiaramente distinguere, fra i trenta e i cinquanta, giacca sgualcita addosso, camicia in parte fuori dai calzoni, cravatta slacciata e un ondeggiare che suggeriva l'idea che il tizio avesse ingurgitato una certa dose di bevande alcoliche.

Giovanni e il tizio si guardarono.

L'ubriaco alzò l'indice della mano destra e disse con aria grave: «Cerca di capire le mie parole, caro il mio mécco, ascolta: *ilùmba, catùmba e trrrr*».

Quest'ultimo suono risuonò come una sorta di pernacchia.

«Hai capito bene, il mio mécco? *Ilùmba catùmba*» e emise un alto rutto, che risuonò forte sotto le volte della pensilina.

Diede un paio di onde che quasi lo fecero cadere a terra, poi si riprese e puntò nuovamente il dito contro Giovanni: «Hai capito il messaggio? *Ilùmba catùmba*, io amo, vivo e imparo e tu?».

«Non lo so» rispose Giovanni imbarazzato.

«Non lo sai, eh? Non lo sai. Ah, è comoda, è comoda!»

Fece per allontanarsi, sempre barcollando. Poi, come se fosse stato colto da un improvviso pensiero, tornò a voltarsi con un pericoloso ondeggiare, ma si riprese: «*Veh, morro,*» lo apostrofò «*hai micca 'na zigaretta*?».

Giovanni allargò le braccia: «No, mi dispiace, le ho finite».

L'ubriaco gli si fece sotto, lo guardò da vicino lanciandogli una zaffata d'alcol: «Ma allora sei proprio un morto di fame!» disse, e si allontanò canticchiando «*ilùmba catùmba ilùmba catùmba*».

Si sentì una voce sgraziata intonare una irreale canzone, che si perse nel buio.

9

Giovanni provò la maniglia dello sportello della corriera, che si aprì. Salì a bordo e si sistemò nell'ultimo sedile, giù in fondo. Pensò a tutta la sua giornata.

Frugò istintivamente nel taschino delle sigarette, ma ovviamente lo trovò vuoto. Gli venne in mente, però, che l'ultima sigaretta che aveva comperato, quella delle dieci lire, quella del tabaccaio ironico, era stata riposta nel taschino della giacca.

Vi frugò dentro con due dita e la trovò, ciancicata, col tabacco in buona parte uscito, ma bene o male ancora passabile. L'accese, e la carta semivuota produsse una piccola fiamma, ma il resto era tabacco, buon tabacco grigio. Se lo sentì in gola, e giù in fondo ai polmoni. La fumò tutta, bruciandosi un poco le dita.

Si sdraiò sul sedile, la testa colma di pensieri. Che significato aveva quella giornata? Forse voleva suggerirgli qualcosa, ma non riusciva a concretizzare l'idea, a estrarre un movente, una conclusione.

Era molto stanco. Lentamente, a poco a poco, precipitò in un sonno pesante, duro, lungo, quasi senza sogni, fino al mattino dopo.

La gara

1

Forse, a detta di tutte le voci popolari che ti rimbalzavano attorno in cento chiacchiere e in mille opinioni, non s'era mai sentito un luglio così caldo. Era qualcosa di denso, di avvolgente, come indossare una veste umida e appiccicosa, rivestita di marmellata di fichi, o di miele, che ti toglieva il respiro, ti faceva sudare, ti fiaccava e dovevi cercare da sedere perché sentivi che le forze ti abbandonavano e non stavi in piedi.

O forse, così ti sembrava perché era la prima volta nella tua vita in cui dovevi trascorrere quel mese di luglio, probabilmente uguale a tutti gli altri maledetti mesi di luglio della tua vita, in città. Finite le scuole, ma non nel senso di anno scolastico, proprio finite, terminate, *kaputt*, non ci sarebbe più stato in ottobre l'allegro (si fa per dire) ritorno a scuola, non più il rivedere i vecchi compagni, non più i libri del nuovo corso e la rivendita dei vecchi.

In giugno, normalmente, dopo l'urlo liberatorio di rito, senza aspettare nemmeno mezza giornata, avresti preso il treno e saresti andato in vacanza sull'Appennino, per quattro mesi filati. Invece, quell'estate, eri stravaccato su una sedia della redazione di quel giornale di provincia nel quale eri stato fortunatamente e casualmente assunto. Paga misera, orari di lavoro infiniti. Sei entrato a pieno titolo nella vita. Vai e goditela.

Erano le due e mezza del mattino. Un tuo collega ti aveva detto: «Dobbiamo rimanere, oggi tocca a noi chiudere il giornale».

Non c'era più niente da fare, da scrivere, solo aspettare che i linotipisti, col loro litro di latte sempre al fianco per cercare, bevendolo, di combattere i venefici effetti del piombo delle colonne che componevano il giornale, finissero di battere gli articoli e il proto di impostare le pagine. Non ci sarebbe stato assolutamente bisogno della tua presenza ma «dobbiamo chiudere il giornale», era stato detto, come se l'uscita del nuovo numero dipendesse solo da te.

«Poi ti porto a casa» ma intanto stava questionando col proto per un titolo che lui avrebbe spostato e il proto invece a dire che così si sbilanciava la pagina, che non avrebbe spostato quel titolo neanche morto.

Aveva sicuramente ragione ma il collega insisteva, lo sentivi con la sua voce querula «sposta quel titolo, sposta quel titolo».

2

Le finestre della sala redattori erano spalancate per far entrare, se si fosse mai palesata, un po' d'aria proveniente dalle lontane colline, ma non ce n'era un filo.

Stagnava invece la puzza stantia di fumo di sigarette ma per quella non c'erano soluzioni, era una puzza stratificata nel tempo, di decine di migliaia di sigarette fumate in quella sala, che aveva avvinghiato le scrivanie e compenetrato pavimento e soffitto, una puzza secolare come di stalattiti e stalagmiti che, goccia dopo goccia, anno dopo anno, secolo dopo secolo, ergono colonne di carbonato di calcio.

Tanto per aggiungere anche il tuo contributo a quella condizione inamovibile, ti eri acceso una sigaretta ed eri andato a fumartela vicino alla finestra.

In quel momento la strada che correva sotto era deserta, ma circa due ore prima, verso la mezzanotte e mezza, avevi assistito all'uscita del cinema, il cinema Astra, uno dei più famosi della città.

Sciamavano parlando a voce alta, ridendo qualcuno, forse inconsapevolmente imitando scene del film che avevano visto, e che invece tu non conoscevi.

La tua attenzione si era fermata su una coppia, due giovani che procedevano abbracciati. Lui aveva detto qualcosa, lei aveva riso e con mossa repentina lo aveva toccato con familiarità confidenziale fra le gambe. Lui aveva fatto un salto all'indietro, fintamente offeso, poi avevano riso ed erano scomparsi in fondo alla strada.

Quel gesto che indicava complicità, abitudine, un sesso praticato e assiduo come in una coppia di giovani sposi, che aveva provato e riprovato le gioie del contatto fisico, ti aveva fatto venire un vuoto allo stomaco. La tua fidanzatina, con la quale non avevi ancora raggiunto quell'amistà, era in vacanza sull'Appennino ma il tempo per raggiugerla e perdersi con lei in un bosco di castagni era ancora lontano.

Ti riscosse una voce: «Ma siete ancora qui?!».

«No, no, non si preoccupi signora Margherita, mi metto qui in quest'angolo e non la disturbo, pulisca pure, non le do noia.»

Margherita, la donna delle pulizie, era entrata ciabattando, china sotto il peso dei suoi cinquanta-sessant'anni e di una vita che grandi soddisfazioni non doveva averle evidentemente regalato. Avanzava con uno spazzolone e un secchio con lo straccio, una scopa e una pattumiera.

«Ma quanta cartaccia, e quanto fumate!» disse vuotando i portacenere nella pattumiera. «Quanto fumate! Bisognerebbe fumarne una, al massimo due, ogni tanto, ma così... Anche il mio Gino fumava, e se l'è portato via un brutto male. Ma lei cosa fa là in fondo? Venga più in qua, o quando arrivo lì da lei con lo spazzolone per lavare i pavimenti mi rimane circondato e per tornare mi calpesta tutto quello che ho pulito.»

3

«Buona notte, Margherita, e buon lavoro! Ciao, amico, ti dico che il giornale è chiuso, abbiamo finito. Certo che Giovanardi, il proto, è un bel testone: non si fa convincere, e non si è convinto. Se ci pensi, la prima occhiata che dai a un giornale è all'articolo in alto a sinistra, e lì volevo quel titolo. Mi fa: "se lo metto lì dove dice lei, dottore, sbilanciamo tutta la pagina. Il titolo deve stare al centro"; e io: "non sbilanciamo un beato cazzo, ci vuole una visione artistica della cosa, anche le cose sbilanciate hanno un loro valore artistico" ma lui, da ignorante, a insistere, "neanche sul mio cadavere metterò quel titolo là dove lo vuole lei, dottore". Che uomo ignorante, senza una cultura d'arte, senza un colpo d'occhio».

Era arrivato il tuo collega, di nome Manfredi ma abitualmente chiamato Fredo, Fredino, Dino. In realtà, te l'aveva confessato una volta in vena di confidenze, il suo nome completo era Manfredi, Francesco, Massimiliano, Ignazio, Aimone, Maria. Aveva un cognome che indicava in lui il rampollo di un'antica famiglia modenese, non proprio di origine nobiliare ma sicuramente mezza aristocratica. I suoi antenati erano stati in qualche modo fiduciari nella burocrazia del ducato d'Austria-Este. Così, quasi scivolando naturalmente, avevano proseguito nel nuovo ordine del re d'Italia e, pari pari, erano caduti nelle gerarchie del regime fascista. Senza essere molto fascisti, solo quanto basta, ma soprattutto monarchici, tant'è vero che Manfredi affermava spesso di essere l'ultimo dei monarchici.

Di media statura, con qualche chilo di troppo, portava i capelli castani leggermente ondulati e un baffetto alla Clark Gable sul labbro superiore. Indossava un doppio petto, di tinta incerta sul grigio-marron, che aveva sicuramente visto tempi migliori ma che, all'apparenza, non cambiava mai.

Tutto piegato sulla gamba sinistra, la mano destra in tasca in atto di frugare qualcosa, che teneva nascosto nella zona del basso ventre (più un vizio che un tic) e che sembrava ballonzonargli dentro, a quel vestito, come se avesse sempre una certa fretta di andare: a scoprire notizie, a cercare *scoop* che non trovava mai. Era amico con tutti i carabinieri, tutti i questurini, tutti quelli della stradale e della finanza che gli avrebbero fornito la notizia per primi, se notizie ci fossero state.

Come ultimo rampollo di quella famiglia, aveva ereditato qualche podere nella zona est della città. Ogni tanto, per sopperire a spese improvvise, tipo fasi sfavorevoli a un tavolo di Bassetta cui ogni tanto si dedicava, ne alienava uno. Quella del giornalista era più un amore poco corrisposto che una vera professione.

Ti fece: «Abbiamo chiuso, finalmente. Dài, che andiamo» e passaste a prendere un paio di copie del giornale che usciva dalle rotative, e poi sbucaste in strada.

C'era la sua automobile, una giardinetta metallizzata e un po' scassata che inalberava orgogliosamente sul parabrezza una striscia di plastica fosforescente, recante il nome della testata del giornale.

Eri stanco da buttare via. Ti si chiudevano gli occhi, desideravi solo di spogliarti, fare una doccia per cercare di lavare via il caldo assurdo di quella giornata e gettarti sul letto. Gli facesti, a un certo punto: «Guarda che ti sbagli, non abito da quelle parti».

Ridacchiò: «Certo che non abiti da quelle parti, non ti porto a casa. La notte è ancora giovane, e un giornalista deve saper prendere al volo le occasioni, deve saper cercare la notizia dove la notizia potrebbe essere. Andiamo da certi miei amici che ci aspettano».

«Amici, che amici? Dove mi porti?»

«Abbi fede, ragazzo!»

4

La strada, già vuota dopo l'uscita dal cinema a mezzanotte e mezza, era ora totalmente deserta, e la città dormiva soffocata nella calura di luglio, a cui la notte aveva portato poco refrigerio.

Rasentaste il Palazzo Ducale e sbucaste in viale Vittorio Veneto, al posto del quale, ai tempi del duca, scorreva il canale Naviglio che raggiungeva Bomporto e da lì il fiume Panaro, permettendo così ai duchi e agli avventurosi navigatori modenesi di raggiungere, col fiume Po, il mare Adriatico.

«Andiamo in stazione» disse il tuo collega. «Ci aspettano gli amici miei. C'è Johnny, il pittore; Johnny è nome d'arte, lui si chiama Giovanni Malavasi, sai come funzionano certe cose, Malavasi è troppo banale; il suo stile è neo... neo... insomma neoqualcosa, è famoso non solo a Modena ma in tutta Italia. Di solito è lì con un paio di suoi allievi...»

«Allievi? Allievi di cosa?»

Ti guardò di sfuggita con aria sdegnata: «Allievi della sua bottega, come nel Rinascimento. Lavorano e imparano».

«Ci sono solo questi?»

«No, c'è la *scaglia*, che esercita di giorno e di sera, lì nei paraggi della stazione, e che abita in un appartamentino lì di fianco dove porta anche i clienti, ma a quest'ora dovrebbe essere fuori lavoro. Mi hanno detto che ha un figlio, o una figlia, non so, ancora bambino, in collegio dalle suore. Si chiama Adua.»

«Adua? Come quella del film?»

«Proprio come quella del film.»

«*Nomen omen.*»

«*Nomen* cosa?»

«Lascia perdere. È un nome vero o un nome, diciamo così, d'arte, come quello del pittore?»

«Boh? So solo che la chiamano così; sarà là col suo amante, uno studente di medicina di origine meridionale: Raffaele detto Fefè, di Foggia o Lecce, di quelle parti lì.»

«Il magnaccia.»

«Ma no, no, l'amante, il fidanzato! Lei è innamoratissima. Cosa ci trovi in quel bagaglio nero come un africano e magro come una saracca proprio non lo so, ma gli è davvero persa dietro; intanto lui vive a sbafo e *guzza* gratis. Forse Adua crede che il bel Fefè, una volta laureato, se la porti dietro in Terronia, ma quello non è un coglione. Una volta medico, ti saluto Adua, *adio che t'amavo*, chi s'è visto s'è visto, *fa la bella e s'ciao.*»

Arrivaste. Il gruppetto descritto da Dino c'era tutto.

Dino si esibì in una sorta di buffo inchino: «La buonanotte a tutti i presenti» disse.

«La buonanotte una beata fava. Com'è che arrivi così tardi, che cazzo hai fatto fino adesso?»

«Cosa ho fatto? Ho lavorato, amico mio, ho duramente lavorato, come il mio giovane collega qui presente può testimoniare.»

«Il tuo giovane collega è disfatto dal caldo come tutti noi, ma viaggia più leggero, tu invece ti ostini a indossare un doppiopetto, che dev'essere ingombrante e fastidioso come un gruppo di spini nel culo. Perché non ti vesti da persona libera, come faccio io?»

Era chiaramente Johnny, che parlava. Lo osservasti. Indossava una camicia di tipo hawaiano, color rosso vivo, con disegni in bianco a rappresentare uccelli o fiori tropicali. Aveva un paio di larghissime braghe al ginocchio, di tipo militare, color kaki, e ai piedi due sandali di fattura francescana.

I due allievi che gli sedevano a fianco come due apostoli, uno a destra e l'altro a sinistra, erano conciati nello stesso modo, in più portavano folte barbe e capelli arruffati su camicie dello stesso stile da fricchettone e medesimi pantaloni militari. Di lì a pochi anni sarebbero stati identificati come *hippies*.

Manfredi non smise di sorridere all'attacco del pittore: «Caro amico, beato te che ti puoi vestire come ti aggrada».

«Ah, io posso vestirmi come mi aggrada?! E tu, chi te lo impedisce di vestirti come ti aggrada?»

«Chi me lo impedisce? Ti immagini andare dai carabinieri a chiedere notizie di un incidente con una camicia come la tua?»

«Ognuno avrebbe il sacrosanto diritto di vestire come cazzo gli pare. Scusa, Adua, la parolaccia: mi è sfuggita.»

«Fa niente, amore, ho fatto finta di non sentirla.»

Quelli che avevano parlato erano la coppia Fefè e Adua.

Lui era come Manfredi te l'aveva descritto: magro come uno stecchino, nero come un nordafricano, abbronzatissimo (ma dove, sulle rive del Secchia?), con una pesante collana d'oro, che risaltava sul petto abbronzato, pendendo dal collo. Aveva uno sguardo sfuggente ma di vivace intelligenza, uno sguardo che voleva apparire ingenuo e innocente ma che sotto sotto mandava lampi di astuzia, occhiate da rapace.

Abbarbicata a lui, mollemente sdraiata su un paio di sedie di plastica, Adua masticava annoiata una gomma. I lunghi capelli biondi ossigenati le cadevano a coprire parzialmente un viso giovane e grazioso, nonostante il trucco pesante ed eccessivo la facesse sembrare un poco più anziana dei suoi trent'anni.

Una camicetta di seta rosa, generosamente scollata, mostrava un seno prosperoso e florido che alcuni anni prima immaginasti si ergesse svettante in barba a ogni legge di gravità. Ma il tempo incalzava implacabile e quel seno cominciava a risentire del peso di quella stessa legge che aveva orgogliosamente sfidato.

Una sottana leggera, lunga appena sopra il ginocchio, stringeva fianchi già sovrabbondanti: di lì a qualche anno, in quei punti ci sarebbe stato un eccesso di peso e di forme.

I piedi della donna, le cui unghie erano laccate in violento cremisi, erano scalzi; stesso colore di smalto e rossetto decorava le mani e le labbra, stampando sul viso una macchia scarlatta.

Il tuo collega disse: «Bene, vi ho salutato». Poi si grattò pensoso: «Adesso vado a fare il solito giro d'ispezione» e sparì all'interno della stazione.

«Ma dove cavolo va?» domandasti ai presenti. «Di che ispezione parla?»

Johnny rise di gusto: «Il tuo collega va a controllare se nelle sale d'aspetto sia rimasta una qualche sciagurata che ha perso una coincidenza del treno o una poveretta scappata di casa. Se gli va fatta bene, le convince a farsi dare un passaggio e poi prova a farsele».

5

Sbucò dalla stazione una figura allampanata, gialla in viso come se soffrisse di fegato, con due baffetti simili a quelli di un poco talentuoso pittore austriaco di acquerelli, e tristemente famoso per altri motivi. Era in divisa da questurino, della Polfer: «Il dottor Manfredi stasera va in bianco. Nelle sale d'aspetto non c'è un cane».

«Non ti preoccupare del dottor Manfredi, poliziotto» disse Johnny. «E pensa piuttosto a far tener aperto questo bar fino a un'ora decente, che qui ci sono gentiluomini che hanno sete e trovano tutto chiuso. Città bigotta di merda! Ma ecco Fredino che torna dall'ispezione. Com'è andata, Manfredi?»

Il tuo collega Manfredi si accasciò su una sedia: «Com'è andata? È andata male, è andata. Le sale sono vuote, questa sera si va in bianco».

Johnny lo guardò con ironia: «Perché, se avessi rimediato qualcosa da fare, qualcuna che ci stava, dico, cosa le avresti poi raccontato?».

«Lo so io cosa avrei raccontato. Ricordati, sono un grande amatore, di sicuro più abile e valente di te».

Johnny non si trattenne e scoppiò in una gran risata: «Migliore di me?! Poveretto, sta' attento alle sciocchezze che dici, qui in città sono a decine le donne che testimonierebbero il contrario; se ti metti a paragone delle mie prestazioni, non c'è proprio gara».

«Una gara? Questa sì che sarebbe una buona idea! Fate una gara e, chi perde, paga la cena a tutti i presenti» suggerì il questurino della Polfer.

Rimasero in silenzio, poi fu evidente che Johnny era come attraversato da un'idea folgorante. Un'idea maliziosa, subdola. Sorrise di sghimbescio: «Hai parlato bene, poliziotto; a parte il fatto che a quella cena non saresti mai invitato. Ora dico a te, Manfredino: facciamo questa gara e scopriamo chi, fra noi due è il più grande amatore. Ci stai?».

«Certo che ci sto, ma chi, ma dove...?»

«Come ma chi?! Non abbiamo qui la bella Adua, pronta alla bisogna?!»

Adua si riscosse: «Me proprio no, ho chiuso bottega due ore fa e non mi va di fare gli straordinari, soprattutto a gratis. Trovatevene un'altra».

Intervenne Fefè, eccitato e incuriosito dall'idea: «Ma Aduina, amore mio, è una nobile gara fra due gentiluomini. Non puoi sottrarti, fa' questo sacrificio per amor mio e per amore dello sport! Pensa, se ne parlerebbe tanto qui in città, le tue quotazioni salirebbero alle stelle, saresti famosa. Poi sono sicuro che verrai ampiamente ricompensata per il tuo giusto valore e la tua impareggiabile prestazione, cazzo. Oops, scusa la parolaccia».

Adua si rabbonì: «Come non l'avessi sentita, amore. Va bene, accetterò questo lavoro in più, per amor tuo».

«Ottimo» disse Johnny. «Ma dove andiamo a gareggiare?»

Il tuo collega Manfredi prese una subitanea decisione: «Andremo a casa mia. Abito in campagna, e là non ci sarà nessuno a disturbarci».

«Allora partiamo! Tu carica il tuo collega, Adua e Fefè,» disse Jonny «e io penso ai miei amici. Precedeteci che vi seguiamo, e chi perde oltre alla cena pagherà anche le prestazioni fuori orario di Adua.»

«Com'è vero dio questa non me la perdo» esclamò l'uomo della Polfer. «Vi vengo dietro col mio motorino!»

6

Così partiste, lasciando la città in direzione est. Dopo una ventina di minuti costeggiaste una grande ansa che il fiume Panaro compiva prima di gettarsi sotto il grande ponte sospeso sulla via Emilia, il ponte di Sant'Ambrogio; lì le acque iniziavano a curvare verso ovest per dirigersi a terminare il proprio corso, nato con altro nome sulle montagne, nell'alveo del padre dei fiumi, il Po.

Durante il tragitto il tuo collega Manfredi, eccitato e felice, andava dicendo a Adua: «Pensa a quanto sei fortunata! Ti amerò su un letto del Quattrocento fiorentino autentico».

E Adua che rispondeva: «Basta che sia comodo e pulito, non mi va fare certe cose nella sporcizia».

«Ma scherzi?! Tutto accadrà sopra un letto prezioso. Le Belle Arti me l'hanno notificato, non posso alienarlo in nessun modo, non può muoversi da lì senza il loro consenso, è un'opera d'arte.»

E Adua: «Mi frega bene a me, lascia perdere il letto».

«Ma Adua, la testiera di quel letto è un trionfo

dell'arte del Quattrocento fiorentino. Rimarrai incantata nell'ammirare una maestosa cimasa modanata e un esotico fregio intarsiato.» Parlava come un *depliant* turistico, senza alcuna ironia: «Ci sarà pure una differenza fra il farsi sbattere sulla riva d'un fiume, nelle scomodità di una automobile, contro a un muro, in un modesto appartamentino e il farsi possedere su un letto di quel valore?».

Adua si risentì: «Senti bello, io mi sono fatta sbattere, come dici tu, la prima volta della mia vita proprio lungo la riva d'un fiume, e quel figlio di cane s'è poi fatto di nebbia e mi ha lasciata con un figlio da mantenere; poi mi è capitato di farmi sbattere in auto, contro a un muro, in un albergo a ore, in un albergo a cinque stelle super, ma ti confesso che i cazzi che mi hanno infilato, in tutti i possibili buchi che avevo, erano sempre cazzi, più o meno uguali. Dovunque e comunque, cazzi uguali ad altri cazzi, e così sarà in quel tuo letto della madonna, scusa Fefè le parolacce».

«Niente Adua, questa volta sei stata tu a declamarle».

Il tuo collega tacque, intanto eravate arrivati.

7

Una tonda e grossa luna piena di luglio rischiarava a giorno un gruppetto di costruzioni, al centro delle quali sorgeva una palazzina in vago stile Liberty, chiaramente la residenza padronale, fiancheggiata da piante che potevano essere tigli. Attorno c'erano una stalla, del tutto priva di vacche o di maiali, e un fienile vuoto da tempo di qualsivoglia tipo di foraggio. Il tutto dava un senso di abbandono, di cose lasciate perdere da anni.

Entraste in casa, il tuo collega vi guidava: «Abito qui di sotto, come vedete c'è una cucina e lì di fianco la camera da letto». Accese la luce: «Ecco là il prezioso letto. Ci sarebbe anche il piano di sopra, ma io preferisco soggiornare solo qui al piano terra, d'inverno costerebbe troppo riscaldare tutta la casa, e per me, da solo, questa sistemazione basta e avanza.» Si rivolse a te: «Dammi una mano, andiamo in cantina a prendere qualche genere di conforto per questa truppa».

Scendeste da una botola all'angolo della cucina e riempiste una cavagna con bottiglie di lambrusco e due salami. Risaliste. «Ecco di che riumidire le vostre gole riarse. C'è anche dell'ottimo salame, purtroppo non ho pane, dovete accontentarvi» disse il tuo collega stappando una bottiglia. Il vino frizzante e schiumoso riempì i bicchieri. Vi tuffaste in quell'aroma di viola, a lunghe sorsate; il caldo e le chiacchiere vi avevano messo una gran sete.

«Allora, come procediamo con la gara, caro Fredino?»

Johnny stava sorseggiando il vino e lo assaporava facendolo sciaguattare nella bocca: «Be', Adua va di là e si prepara. Io sono pronto alla bisogna».

Il tuo collega era gioioso e eccitato: «Si dia inizio al certame, qui si parrà la nostra nobilità, come dice il poeta, o quasi».

Adua intanto aveva cominciato a denudarsi: «Mi devo svestire proprio tutta?» chiese.

«Certo, amore mio; la gara dev'essere il più regolare possibile» la incoraggiò Fefè.

«Ma uffa, che barba» e si spogliò del tutto. «Eccomi, sono pronta.»

E il tuo collega: «Allora comincio io? Si dia inizio! Peccato che non ci siano squilli di tromba. Amici, vado, e che la sorte mi sia benigna, come mi merito».

Entrò nella stanza. Seguì un silenzio assoluto che durò una quindicina di minuti. Poi la porta si aprì e vi uscì Manfredi, in canottiera, boxer un poco ciancicati e regolari calzini ai piedi: «Ecco fatta la prima; tocca a te, Johnny».

Entrò. Si sentì parlottare fitto per alcuni minuti e volarono nella stanza le risatine di Adua. Silenzio. Tutto all'improvviso, si scatenò l'inferno. Adua gridava: «Com'è grosso, com'è lungo, com'è bello, dammelo, dammelo subito, dammelo tutto, lo voglio, lo voglio, sì sì sì».

E Johnny: «Tienilo stretto, ora te lo infilo, te lo faccio arrivare in gola».

E Adua: «Non fermarti, non fermarti, sì sì sììì, ooooo, aaaa». Il momento dell'orgasmo fu come un'eruzione vulcanica, una discesa infuocata di lava che sommerse Adua: «godo, godo, dio come godo, mi fai morire» e tutto terminò in un trionfante rantolo d'estasi.

8

Orecchie appena un po' scafate avrebbero riconosciuto, in quel carnevale erotico, una clamorosa finzione: gli attori di quella farsa sessuale erano dei cani, sbagliavano i tempi d'entrata, esageravano nelle urla; soprattutto Adua, poverina, che si impegnava come meglio poteva ma la cui carica erotica era autentica come quella di un palo della luce. Recitavano tutto col medesimo tono di voce, come i bambini quando declamano una poesia imparata a memoria. Non c'era sentimento, né tantomeno vera passione: si sentiva lontano chilometri che era tutta una messa in scena.

Purtroppo il tuo collega, che non era dotato di orecchie appena un po' critiche, si era lasciato confondere. In dignitoso silenzio, si era limitato a un sobrio commento: «Però... ci danno dentro, eh?!». Ma la mano che portava il bicchiere alla bocca aveva tremato leggermente.

Johnny riapparve, nudo nato, fresco come una rosa: «È il tuo turno, Fredino. Vai subito o hai bisogno di raccoglimento, per stimolare le forze? Possiamo aspettare: diciamo a Adua che si riposi un momento, penso che ne abbia davvero bisogno. Oppure no, facciamo come vuoi tu, sei pronto?».

«Sono sempre pronto per certe cose» ribatté orgogliosamente Manfredi, ed entrò.

Seguirono i soliti quindici minuti di silenzio poi riapparve, un po' più sudato della prima volta, ma ancora lucido e sicuro di sé: «Datemi da bere che mi è venuta sete. Johnny, accomodati, è il tuo turno».

Johnny si avviò cantarellando una canzonetta allora in voga, si chiuse nella stanza ed eseguì pedissequamente quel repertorio di urla, frasi indicanti estremo godimento, apprezzamenti sulla grandezza e la durezza.

Non avevano cambiato di una virgola quel loro copione, continuando a recitare la stessa commedia ma il tuo collega, quella seconda volta, cominciò ad accusare, si mostrò veramente impressionato e preoccupato, e al momento dell'orgasmo finale si lasciò sfuggire un «Non credevo, non pensavo...».

Riapparve Johnny, questa volta cantando a piena voce il *Nessun dorma* della *Turandot*. Al momento dell'«All'alba vincerò» la voce gli crollò, ma scoppiò in una gran risata, diede una serie di pacche sulla schiena del tuo collega e: «Vai, vai Fredino, che è ancora il tuo turno».

Entrò. Silenzio ancora. Poi si sentì Adua che lo incoraggiava: «Dài, non mollare, provaci ancora, cosa vuoi che ti faccia? Proviamoci, dài che ci riesci, dài» poi silenzio. Riapparve a capo chino, mesto. Si mise a sedere, prese la bottiglia e a collo diede un gran sorso.

Poi, senza guardare nessuno in particolare, confessò: «Che vergogna ragazzi, è la prima volta che non riesco a fare la terza. Non so cosa mi sia capitato, Adua non c'entra, è stata brava, sono io che... che... che vergogna, hai vinto tu, Johnny!».

Johnny sorrise benevolo: «Mi dispiace Fredino, ma te l'avevo detto, fra noi due non c'era gara!».

9

La cena della scommessa si tenne circa tre mesi dopo, per aspettare che il gran calore di luglio si stemperasse con le prime nebbie ottobrine che già rendevano magico e fluttuante il panorama della campagna e dei filari delle viti già vendemmiate.

Difatti andaste in campagna, da un amico di Johnny, un tipo che aveva una cantina come produttore di Grasparossa, e la cui anziana madre, solo per alcuni scelti amici, faceva da mangiare alla maniera tradizionale.

Così vi faceste fuori un parmigiano di montagna di trentasei mesi che tuffaste in un aceto balsamico di settant'anni d'invecchiamento, un privilegio capitato a pochi.

«Questo balsamico è prezioso come una gemma, come un diamante, non so perché mio figlio abbia deciso di sprecarlo per voi, buoni da *gnente* e capaci di tutto!» aveva osservato la vecchia signora.

Di seguito due primi, maccheroni al pettine con ragù in bianco e ravioli di ricotta conditi al burro e pancetta croccante. Fu poi la volta dello gnocco fritto; e lo gnocco fritto modenese, proclamò l'amico di Johnny, non ha rivali, è il migliore di tutte le varianti che esistono (siano esse le crescentine, la torta fritta, le paste fritte dell'Emilia Romagna) ad accompagnare salumi di vario tipo in tante specialità regionali; per non offendere nessuno: culatello di Zibello, salame di Felino, prosciutto di Parma e coppa d'estate di Piacenza. Chiuse la serata l'emilianissima zuppa inglese, seguita da caffè e grappa distillata di frodo dal padrone di casa. Naturalmente il lambrusco Grasparossa accompagnò tutto il pasto.

Eravate satolli, felici e parzialmente ebbri. La notte della gara era ormai lontana nel tempo, quasi dimenticata.

Fu Johnny che si alzò, dopo il tradizionale «E sempre sia lodato...» a prendere la parola: «Cari amici, noi tutti sappiamo perché siamo qui e a chi dobbiamo il piacere di questa buonissima cena. Quella notte famosa io vinsi la gara, e per questo Manfredi questa sera ha pagato, ma devo dire che quella della famosa sera non fu una vera vittoria e quella di Fredino non una vera sconfitta. È stato un caso, la responsabilità di un destino maledetto, avverso e fatale. Il nostro generoso amico ben avrebbe meritato un'uguale vittoria. Per questo, noi tutti consegneremo un regolare documento di testimonianza».

Prese una cornice. La pergamena rappresentava

un'Adua vestita, o meglio svestita, da ninfa bucolica, con il prosperoso seno danzante in aria, avvolta in serti di pampini e fronde di vario e vezzoso tipo, un'Amarilli immersa in una sognante Arcadia in atto di eseguire una serie di complicate figure erotiche e atti sessuali a un Manfredi tutto nudo e rimpicciolito ma dotato di un membro esagerato, con alucce da cherubino o meglio, da Cupido. Al centro, a caratteri gotici in un latino maccheronico, si poteva leggere di come Manfredi fosse in realtà, al pari di Johnny, il numero uno dei grandi amatori della città.

Scoppiaste tutti in un caloroso applauso. Il tuo collega prese la pergamena e stette un attimo in silenzio, come sopraffatto dall'emozione.

Improvvisamente un'incredibile lacrima di commozione gli brillò all'occhio destro per poi rotolare, lentamente, lungo la guancia.

Balere

1

Entrai nel bar. L'uomo con cui avevo appuntamento stava lustrando con uno strofinaccio un affusolato bicchiere da birra. Lo guardò controluce per controllare se "l'operazione pulizia" era riuscita; poi, evidentemente soddisfatto, appese il bicchiere in un'apposita scansia sopra al bancone.

Dimostrava di essere fra i cinquanta e i sessant'anni, più verso i sessanta, ma decisamente quegli anni erano ben portati. Indossava un gilet blu scuro con ghirigori argentei sopra una camicia di un intenso giallo canarino. Sotto, un paio di jeans completava la mise. I capelli erano ancora neri, con alcune ciocche bianche, un poco diradati alle tempie.

«Buongiorno,» dissi «se non sbaglio lei è Gabriele Contri, detto Lele, chitarra e voce solista del complesso Tony e i Delfini, ex orchestrale.»

L'uomo sorrise: «Tutto esatto, o quasi, non ero la voce solista, nel complesso a volte cantavano altri. Ma lei, se non sbaglio, è quello che vuol sapere qualcosa sul mondo delle balere, i luoghi in cui si ballava, i complessi che vi suonavano. Insomma, quell'ambiente lì. Venga, mettiamoci a sedere tranquilli, beve qualcosa? Non vuole? Lasci allora che dica a mia moglie di occuparsi lei del bar mentre noi chiacchieriamo».

«Le balere...» disse pensoso, mettendosi a sedere. «Ma non ci sono più, non esistono più, e neanche i complessi esistono più. Ai miei tempi li chiamavano così, "complessi", e già partivano le prese per il... mi capisce per dove... sei in un complesso, sì, d'inferiorità, ha ha ha... che ridere. Oggi è tutto cambiato, ci sono le discoteche che sono una cosa completamente diversa, o quasi, e anche quelle, mi dicono, cominciano a sentire aria di crisi.

Ma le balere eran tutta un'altra cosa, ne ho nostalgia, sì, ne ho proprio nostalgia. Anche se ho smesso di fare l'orchestrale, ho deciso di piantarla lì: un po' avevo risparmiato, un po' mia moglie (e indicò la donna ancora piacente che lo aveva sostituito al bar) ha avuto una piccola eredità, così ho preso il coraggio a due mani e ho cambiato vita.

Abbiamo comprato la licenza di questo bar, che va abbastanza bene, e siamo contenti. Perché fare l'orchestrale a vent'anni è il massimo, è piacevole. Suoni, ti diverti (e abbassò la voce guardando verso la moglie), si è un po' come i marinai: una donna diversa in ogni balera, a vent'anni. A trenta ancora ancora, a quaranta comincia a cambiare, a cinquanta non ne puoi più tutta la notte in piedi, a suonare le solite cose, in locali pieni di fumo, di puzza di sudore e di profumo scadente. È fatica, a volte guardi con odio quelli che all'una continuano a ballare, mentre tu hai solo voglia di andare a letto, e allora decidi di smettere. Ma a vent'anni è un gran bel mestiere, mi creda.»

Gli feci altre domande, alle quali mi rispose sempre puntuale.

2

Quindi ha ben conosciuto le balere. Com' erano, che gente le frequentava, che tipo di società era?

Belle domande, ma me le fa adesso che le balere praticamente non esistono più, sia quelle più povere, sia quelle con qualche pretesa di eleganza e raffinatezza. È sopravvissuta solo qualche sala di liscio, persa nella più remota provincia o riapparsa in qualche sagra estiva tipo "La tradizionale sagra dei tortelloni", roba organizzata da una locale proloco, ma niente di più.

Oggi comandano le discoteche, enormi cattedrali nel deserto, spesso il sogno di un architetto in vena di estrosità, di solito situate fuori città, rutilanti di luci stroboscopiche, occhi di bue, spot, riflettori colorati, mirrorball e altre diavolerie del genere. Ma in questi templi laici non suona più nessuno dal vivo, si va avanti coi dischi e officiano i disc-jockey, nuovi sacerdoti di questa nuova religione e idoli dello star system, che vengono, i più famosi fra loro, disputati da discoteca a discoteca con ingaggi favolosi, e trionfa il tempo in quattro quarti, cioè con la cassa della batteria decisamente in quattro, dum dum dum dum. Ha mai sentito passare un'automobile col guidatore che ascolta un brano della discomusic all'autoradio a tutto volume, perché è un genere fruibile solo a tutta manetta? Sentirà venire da lontano il dum dum della cassa, che poi esploderà con tutta la sua violenza passandole vicino, per poi svanire a poco a poco in lontananza. Niente melodia, niente musica, solo il ritmo infernale della cassa in quattro.

Mi dicono però che anche le discoteche danno segnali di crisi, cominciano a perdere dei colpi. Si sono fatte una cattiva fama: droga, violenze, risse. Non che le risse non ci fossero ai miei tempi, ma si trattava di banali scazzottate, subito sedate, e di semplici cazzotti, niente coltelli, niente pistole, niente arti marziali. È cambiata anche la gente. Se vuol vedere il trionfo delle balere, dovrebbe tornare al periodo del dopoguerra, fino a tutti gli anni Cinquanta.

Lei ha detto che nelle discoteche non suona più nessuno, mentre voi delle balere lo facevate dal vivo. Eravate dei bravi musicisti?

(*Rise*) Bravi musicisti noi? No, purtroppo no, eravamo dei cialtroni, degli orecchianti, non c'era nessuno, almeno fra quelli che ricordo io, che sapesse leggere almeno un rigo di musica. Si andava a orecchio. Qualcuno, ma raro, c'era, i pianisti, per esempio. La maggior parte di loro veniva dalla fisarmonica, e la tastiera della mano destra era più o meno simile a quella del piano, ma fare i bassi con la sinistra era un'altra faccenda. Così erano costretti a prendere qualche lezione e a sbattere contro un po' di musica, ma solo un po'. Le racconto un episodio.

C'era, soprattutto d'estate, l'usanza dell'attrazione. Oltre al normale complesso che suonava per far ballare la gente, veniva chiamato un cantante o una cantante in quel momento famosi per aver vinto, metti, il Festival di Sanremo o avere in repertorio un brano particolarmente favorito dal pubblico. O anche essere balzato all'onore delle cronache per scabrose o meno vicende sentimentali, tutto faceva brodo. Certi cantanti sono passati alla storia della musica leggera, si fa per dire, per essere riusciti, d'estate, nella Riviera romagnola, a fare anche tre attrazioni nella stessa notte. Chiedevano perfino la scorta della Polizia stradale per evitare di rimanere ingolfati nell'infernale traffico dei sabati sera estivi delle spiagge della Romagna. Arrivavano, tre quarti d'ora al massimo d'esibizione, un dieci minuti a distribuire cartoline con foto già autografate, e via, per altra sede.

Di solito questi cantanti avevano un loro piccolo complesso personale o lavoravano con le basi. Be', a noi, una sera, senza che ne sapessimo niente, senza uno straccio di prove preliminari per accordarci in qualche modo, il direttore di sala ci avvertì che era arrivata l'attrazione e che avremmo dovuto accompagnarla noi.

Il cantante era, se non ricordo male, Nunzio Gallo, valido interprete dello stile cosiddetto "all'italiana". Si presentò sul palco e l'accolse un pubblico in delirio, si vede che in quel posto andava quel genere canoro. Si girò verso il nostro pianista e, apostrofandolo con un flautato «maestro, prego», gli consegnò una valanga di spartiti che sembravano lenzuola, tanto erano lunghi e larghi ma soprattutto carichi di note che, agli occhi del povero pianista, nel frattempo sbiancato dal terrore, apparvero come se avesse avuto davanti la stele di Rosetta. Quello che seguì è solo per stomaci forti, abituati a sopportare le più dure traversie. Il povero pianista raffazzonava disperatamente tentativi di note e accordi sul piano, cose che nulla avevano a che vedere con la linea melodica del canto, mentre Nunzio Gallo, devo dire da vero professionista, cantava, impavido, incurante di quella disastrosa disarmonia che gli stava accadendo alle spalle. Solo ogni tanto, nelle pause del canto, allontanando il microfono dalla bocca, si avvicinava al pianista e gli sibilava «Ma che cazzo sta facendo?» e pronunciava oscure maledizioni e orribili bestemmie in napoletano.

Mi feci coraggio, presi la chitarra e, a orecchio, bene o male riuscii ad accompagnarlo e a salvare, almeno un poco, la situazione. La musica forse la conosceva, qualcuno dei musicisti dei complessi più famosi delle grandi orchestre, quelli che giravano in comodi pullman col nome stampato a grandi lettere sulla fiancata come le squadre di football, ma la maggior parte di noi, come ho detto, non sapeva neanche cosa fosse.

Mi ha parlato del dopoguerra e di tutti gli anni Cinquanta. Era quello il periodo d'oro delle balere e dei complessini?

D'oro?! Di platino, di diamante. Dopo la guerra c'era una voglia di ballare che faceva fiorire i meli in pieno gennaio. Si ballava dappertutto, e con i complessini e i suonatori veri, no con i dischi. I dischi si usavano nelle feste private; poi, allora, ma chi possedeva un giradischi? Mi hanno detto che nella sola provincia di Parma c'erano allora più di mille complessi da ballo. È che si ballava dovunque: in ogni paese c'erano anche più sale, immaginiamoci in città, e i nostri complessi andavano anche all'estero, in Svizzera, in Germania, e sulle navi, addirittura in Libano, che era allora considerato la Svizzera del Medioriente.

I ballerini nostrani si dividevano in due grandi categorie: quelli un po' più anziani, ma anche di poco, ballavano per il piacere di ballare, per il gusto di prillare in un valzer sulla pista cosparsa di talco per scivolare meglio o di ricordare in un tango un incontro di qualche tempo prima. Era la gioia di sentirsi liberi, senza la paura delle bombe, dei tedeschi e dei repubblichini, della fame; era finito l'incubo, in un sentimento di trasporto collettivo che spingeva alla speranza, alla ricostruzione, al rinnovamento, a quello che sarebbe poi stato il boom economico dei Sessanta.

I giovani, eeh i giovani, andavano a ballare per il solito tradizionale consueto motivo: incontrarsi, conoscersi, stringersi, amarsi e il ballo era una delle poche possibilità d'incontro. Ma i preti, i parroci, non volevano, vedevano il ballo come qualcosa di peccaminoso, di proibito: «È mettere la paglia accanto al fuoco» dicevano. «Madri, attente alle vostre figlie, la tentazione può far perdere la purezza, il dono prezioso della verginità: basta un attimo, il ballo ve le travierà». Pensi che c'era, all'uscita delle chiese, una bachechina con un foglio che recava il nome delle riviste proibite, tipo Grand Hotel o Bolero film, o una lista di film con il giudizio morale: «Per tutti» («pochi», a dire il vero), «Adulti», «Adulti con riserva», «Vietato». Si immagini il ballo. Ma pochi seguivano le direttive ecclesiastiche.

Solo qui in città ce n'erano almeno sei o sette, di balere.

3

Ricorda qualcuna in particolare di queste balere?

Il mio debutto avvenne al Dopolavoro Ferrovieri, chiamato ancora, avrà notato, “Dopolavoro”, che è terminologia fascista. C’era stata una guerra ma la parola non se ne era andata. Si trattava probabilmente di un Circolo Enal. Ricordo l’emozione della prima sera sul palco, in divisa, quasi come i militari. Perché i complessi, almeno quelli che aspiravano a farsi notare in qualche modo, non suonavano diciamo “in borghese”, coi vestiti di tutti i giorni, ma indossavano una divisa: giacche di tessuto fantasia, normalmente la più orrenda possibile, una fantasia malata, a scacconi multicolori, a violente righe verticali, e poi, verso la fine dei Cinquanta, in lamé, come ballerine d’avanspettacolo ma non c’erano gli stilisti a dettare le regole di quello che oggi si chiama “look”, abbinate ai pantaloni o bianchi o grigi.

Poi si faceva una foto di ogni musicista, da un fotografo cittadino, col gusto fotografico anni Quaranta-Cinquanta tipico di un fotografo di provincia con vaghe ambizioni artistiche, ognuno col proprio strumento di fianco o fra le mani, il batterista col solo rullante e le bacchette, tutti con lo sguardo sognante, perso a cercare una lontananza che doveva suggerire profondità di pensiero, ed era invece soltanto un po' coglionesco, come quello dei gatti quando evacuano nella loro cassetta. Le foto venivano poi messe in mostra su una plancia che veniva situata all'ingresso del locale, come a dire «eccoli qui quelli che suoneranno stasera». Le foto, uniche perché duplicarle sarebbe costato dei soldi, che mancavano, erano piazzate a forza di puntine da disegno e, dopo un po' d'uso, diventavano crivellate come san Sebastiano, dei penosi colabrodo.

Io ero arrivato all'ultimo momento nel complesso ma non potevo non avere la divisa. Avevano trovato una giacca in più che mi andava un po' stretta, ma tutto sommato non mi stava male. Non mi guardi adesso, ero molto più magro allora. Il dramma fu con i pantaloni: ne avevano trovato un paio ma erano tragicamente corti, così dovetti lasciarli sbottonati in cintura in modo da farli calare a coprire le scarpe. Fu una serata dolorosa, quella mia prima volta, ma bene o male arrivammo alla fine.

Altre sale che ricorda?

Nel primo dopoguerra ci fu il Florida. Me lo ricordo, ero un ragazzetto, perché abitavo da quelle parti. Era una casa del popolo del Partito comunista ma era stata, prima della guerra, un Gruppo rionale fascista, il Gruppo Sinigaglia, situato all'angolo fra via Domenico Cucchiari e la via Emilia. La scritta "Florida" attraversava tutta la via Emilia, in legno illuminato sfarzosamente da lampadine elettriche piantate in ogni singola lettera (come con gli archi d'accoglienza che sarebbero apparsi in onore della "Madonna pellegrina", divenuta errante prima delle elezioni del '48): rimaneva sospesa a mezz'aria, ingegnosa opera di un compagno elettricista.

Alla domenica arrivavano dal circondario e dalla campagna circostante a branchi, in bicicletta: era già molto averne una, di biciclette, non erano ancora i tempi degli scooter o delle Seicento. Arrivavano, pedalando fianco a fianco, ragazzi e ragazze splendidi nella loro giovinezza, e prendevano tutta la carreggiata stradale, a gruppi anche di quattro cinque alla volta, tanto macchine non ce n'erano. Era uno spettacolo vederli, sembravano le mandrie di bufali delle praterie nordamericane, ma più snelli, più aggraziati, e forse con lo stesso sentimento inconscio, quello di una spinta naturale e vitale a riprodursi. Il parcheggio delle biciclette diventava un'orgia di ruote, raggi, pedali e sellini.

Poi dentro, a ballare; e di sera, dicevano scandalizzate le beghine del quartiere, ogni tanto spegnevano le luci. Il che era parzialmente vero: non le spegnevano, lo facevamo anche noi quando suonavamo dei lenti, le luci erano semplicemente abbassate, smorzate, e forse in quei momenti i meno giovani si rilassavano, mentre i più giovani si stringevano e forse iniziava qualche storia d'amore.

Ha detto che quella sala era gestita dal Partito Comunista. Allora perché, secondo lei, quel nome un po' esotico, americano, in tempi nei quali i comunisti italiani erano filosovietici e antiamericani?

Forse perché, nel dopoguerra, c'era stata fortissima l'influenza della cultura popolare degli Stati Uniti d'America, della loro musica, della loro letteratura, della loro cinematografia, dei loro fumetti. Ha mai sentito parlare, a quei tempi, di una canzone, di un libro o di un film, se si esclude *L'incrociatore Potemkin*, di origine russa? Avevano suonato anche durante la guerra, per allietare le truppe, le grandi orchestre swing come quella di Benny Goodman che avevano lanciato il boogie-woogie, da noi diventato il bughi bughi.

Poi in quegli stessi anni c'era stata la moda che queste orchestre, oltre allo swing patrio, tendessero alla musica latino-americana, e così lanciarono il bolero, la samba brasiliana e la rumba cubana, che diventarono di moda anche da noi, in Italia. Anche grazie a un film a cartoni animati della Disney, *Los Tres Caballeros*, pieno di affascinanti musiche latine nell'accattivante stile hollywoodiano. Successe un po' come con le bande militari degli occupanti austriaci, che lanciarono, suonando in piazza alla domenica, valzer, polka e mazurka, in una parola l'essenza del ballo liscio. Il bughi qualcuno lo ballava ma credo che, come danze, samba e rumba non abbiano avuto un gran successo da noi, forse solo dei penosi tentativi di imitazione. Quando suonavo io, samba e rumba erano praticamente scomparse: noi facevamo il cha cha cha, più gentile, più facile da suonare e da ballare.

Ricorda altre sale da ballo qui in città?

Dall'altra parte della città c'era il Palazzo dello Sport che al sabato e alla domenica cessava le attività sportive e si trasformava in balera. Anche lì la maggior parte degli avventori veniva dalla campagna, tanto che in città, quelli che si consideravano stracittadini, gente che abitava in urbe da almeno sette generazioni e che parlava un dialetto più elegante e sofisticato dei campagnoli, dicevano che a mezzanotte arrivava uno di corsa e urlava «*A gh'è la curera*», è arrivata la corriera, il pullman per tornare al paese, e in un minuto e due decimi il palazzetto si vuotava, lasciando, nella fretta, dicevano i soliti supercittadini con grande senso di superiorità e disprezzo, «attrezzi agricoli e animali da cortile di piccola taglia dimenticati nei cessi».

Sono malvagità di cittadini veraci. Mi hanno raccontato però che uno, alla domanda «Balla signorina?», si è sentito rispondere, con un sospiro: «*Pruvamm anch quasta*», proviamo anche questa. Non era una risposta di grande finezza (*rise*).

4

Ma come funzionavano le, diciamo così, regole d'ingaggio. Voglio dire, si chiedeva di ballare alle ragazze e queste erano o meno obbligate ad accettare...

No, assolutamente no, non erano obbligate ad accettare un invito. Diciamo anzitutto che spesso le ragazze pagavano metà del biglietto o addirittura avevano l'ingresso libero. Era ovvio che le femmine avevano la funzione di specchi per le allodole, di uccellini da richiamo per attirare i maschi. Lo sa come si dice, no? Cos'è che tira di più di una coppia di buoi? Per me quelle facilitazioni verso il sesso femminile non erano giuste, perché avrebbe dovuto esserci parità nel divertimento, nell'eventuale rapporto sessuale o nel di là da venire futuro matrimonio. Comunque c'erano, tutt'attorno alla sala, dei tavolini ai quali sedevano le sole donne, le ragazze, le ballerine, accompagnate dalle "vecchie", che poi spesso tanto vecchie non erano: le madri, le zie, le sorelle maggiori, forse non sposate, insomma le sorveglianti, le chaperon, che un po' sovrintendevano alla scelta dell'eventuale compagno di ballo.

Anche a quei tempi una ragazza da sola poteva far pensare male.

I maschi non sedevano ai tavoli, forse lo consideravano poco virile, ma restavano in piedi fumando appoggiati al bar ma guardavano ai tavoli delle ragazze con apparente noncuranza, cercando chi fosse la più vicina ai propri gusti. Quando il complesso cominciava a suonare, aspettavano qualche secondo per non farsi vedere particolarmente affamati, poi si muovevano e fingendo una certa calma (ma apparente, temendo che qualcuno li precedesse) raggiungevano il tavolino della prescelta, si inchinavano leggermente e proferivano la frase della formula di rito: «Balla, signorina?». Questa dava una lunga tremenda occhiata all'importuno, dai piedi alla testa, valutando in frazioni di secondo l'eventuale venustà di quel maschio, l'eleganza, le probabili possibilità economiche e le eventuali disposizioni matrimoniali. Sembrava fosse una di quelle scene del corteggiamento fra due animali, la femmina, belle dame sans merci, che all'inizio si nega, fa la ritrosa valutando appieno se concedersi o meno per continuare la specie con un maschio il più valido possibile.

Se l'esame era superato, la ragazza si alzava e i due andavano a ballare. Ma a volte la ragazza, dopo la severa disamina, sembrava pensasse un biblico manè techel pharès e sussurrava un liquidante «No, grazie» che equivaleva a una sentenza capitale.

Non ho capito quelle parole, che lingua è, cosa significano, scusi?

Niente (*sorrise*), è un episodio della Bibbia. Durante la cattività babilonese del popolo ebraico, mentre si svolgeva un banchetto nella reggia di Nabucodonosor, appare una mano divina che verga su una parete queste tre misteriose parole. Viene chiamato l'ebreo Daniele, profeta, che così le interpreta. Le tre parole significano: ti ho pesato, ti ho giudicato, ti ho trovato fragile, scarso. Così sembrava che le ragazze pensassero a volte di chi le aveva invitate a ballare. Come le ho detto scuotevano la testa e sibilavano un cortese ma gelido: «No, grazie». Il maschio allora ripiegava su una seconda scelta, che poteva questa volta andare bene. Ma poteva andare di nuovo in bianco. Allora si rassegnava e si ritirava a fumarsi una sigaretta con aria noncurante.

Noi suonavamo a blocchi di tre brani. Abbiamo provato ad allungare i tempi ma hanno protestato perché chi rimaneva a piedi doveva aver modo di rifarsi in breve. Io, dall'alto del palco, guardavo e vedevo tutto: i maschi che erano costantemente rifiutati per varie ragioni diciamo fisiche, o troppo alti o troppo bassi, per esempio, o per motivi di tappo, come si diceva allora, cioè di un vestito non all'altezza della situazione; ma anche, al contrario, la ragazza di non grande bellezza che rimaneva per tutto il tempo seduta, senza che nessuno mai la invitasse.

C'era poi, in ogni balera, il maschio alfa, il bello per eccellenza, il re della sala, quello che dava del tu ai camerieri e ai baristi, quello a cui bastava guardare la ragazza, alzare il dito indice e farlo roteare un paio di volte, senza chiedere niente, e la ragazza si alzava di scatto come sospinta da una forza arcana e si fiondava fra le sue braccia alla velocità della luce.

Ma cosa si dicevano i ballerini, di cosa parlavano, se parlavano, quali erano gli argomenti?

Aaa... saperlo. Penso, se non si conoscevano già, a frasi banali, tipo «Lei viene qui spesso?» oppure «Io mi chiamo Mario, lei come si chiama?», roba così. Si usava rigorosamente il lei, solo gli studenti usavano il tu. Ma gli studenti di solito non frequentavano le balere in città, avevano le loro sale, il loro giro, il loro mondo. Addirittura avevano i loro complessi. Un'altra frase tipica, questo lo so, era: «Lei studia o lavora?».

C'è da dire che parliamo di parecchi anni fa, di un altro Paese, molto più povero di quello di oggi, senza elettrodomestici, senza telefonini, ma anche il telefono fisso era privilegio di pochi, e così il televisore o l'automobile. Fra giovani lavoratori o studenti c'era una grande differenza di classe sociale: chi lavorava aveva già uno stipendio, anche se forse modesto ma aveva la possibilità di farsi una famiglia subito; chi studiava avrebbe avuto più ampie possibilità economiche ma nel futuro. Eravamo tutti più poveri, i nostri complessini, che oggi non si chiamano più complessi ma gruppi o band, avevano strumenti musicali che, paragonati a quelli usati oggi, sembrano complessi della mutua. La batteria, per esempio, aveva la cassa, un rullante, un paio di tom, un charleston, un piatto e riga. Oggi sembra che il batterista debba far partire un'astronave, tanta roba ha. E tutto è microfonato. Noi, di microfoni, ne avevamo uno solo, per il cantante, e di grazia che ci fosse quello. Il sistema di amplificazione consisteva in due cassette da cinquanta watt messe ai lati del palco, e i padroni dei locali ci venivano sempre a dire di abbassare il volume.

Ma erano altri tempi, come ho detto. I Beatles, che erano i Beatles, al concerto di Tokio avevano solo 300 watt di amplificazione e un unico microfono per il cantante solista e la seconda voce. Oggi con meno di 30mila watt non ti presenti neanche sul palco, fai la figura del pecoraio. Lavorano con gruppi di casse appese ai lati del palco come grappoli d'uva. Poi hanno gli effetti speciali, un po' borazzi se vogliamo ma li adoperano, il fumo, l'eco, un mucchio di luci. Noi come effetto speciale avevamo il batterista, non so perché ma toccava sempre al batterista cantare, ogni tanto, canzoni col doppio senso, tipo «Ai Romani piaceva la biga». Il contrabbasso, chiamato dalle mie parti al zirunzoun, non lo sapeva suonare nessuno. Se c'era lo si portava, e ogni tanto il cantante faceva finta di suonarlo. E nessuno sapeva l'inglese, quando erano cantate canzoni in quella lingua si usava una specie di grammelot, Celentano non ha inventato niente. Era un altro mondo.

Guardando certi film americani si vede come fra i musicisti ci fossero problemi di droga o di alcolismo. Fra di voi c'erano questi problemi?

Sta scherzando?! La droga, noi, non sapevamo neanche cosa fosse. Forse qualche musicista da night, dico per dire ma non so, noi orchestrali di balera eravamo gente semplice di tipo casalingo. In quanto al bere, quei due o tre bicchieri di vino a pasto, tipo una mezza bottiglia di Lambrusco e basta.

Quando lavoravamo, durante quello che chiamavamo "il servizio", avevamo diritto a una, dico solo una, bibita, di solito una bibita gasata o una birretta. Il resto riga, se volevi qualcos'altro dovevi pagarlo, e noi eravamo oculati nelle spese: per esempio, tornavamo sempre a casa dopo il lavoro, non ci fermavamo mai a dormire fuori, eravamo i poveri operai della musica.

5

Mi fa un quadro abbastanza diverso da come me l'ero immaginato. Ma non ricorda proprio nessuno che, non so, bevesse?

Sì, uno lo ricordo (*rise*), ma beveva di suo, non perché facesse il nostro mestiere. Da quel punto di vista era considerato una boccia persa. Lo chiamavamo Cichetto, perché quando l'incontravi: «Come stai come non stai» e poi, subito dopo, aggiungeva: «Dài, andiamo a farci un *cichetto*». Era sempre tondo, come si dice in gergo, per dire che era in ciucca, imbenzinato, ubriaco.

Una volta a una festa, quella sera non lavoravamo, stava facendo il filo a due ragazze, due alla volta. Di colpo piomba a terra, duro, coma etilico. Lo portiamo al pronto soccorso, preoccupati da matti: «ce la farà, non ce la farà, se si riprende tornerà normale». E dopo un certo tempo si riscuote, si guarda attorno confuso ma la prima cosa che dice è: «*Dov'eni cal do ragazz?*», dove sono quelle due ragazze? Veramente non dice «ragazze», usa una sineddoche, una parte per il tutto, se ha capito cosa voglio dire.

Ho capito sì, ma mi permetta, usa la parola «sineddoche», che non è del linguaggio parlato; ha citato poco fa la Bibbia e il poeta inglese Keats, autore di un poemetto preso da un poeta francese del 1400; parla con un linguaggio più che appropriato, sebbene ogni tanto usi il gergo. Lei non ha sempre fatto l'orchestrale, lei è uno che in qualche modo ha studiato.

Ho studiato, sì (e rise di nuovo), a calci nel culo, e non solo metaforicamente. Sono quasi arrivato all'università. Senta questa, di quello che mi ricordo: «*Titire tu patulae recubans sub tegmine fagi*», non so se è proprio così, se la citazione è corretta, ma non ricordo altro di tutto quel latino ingurgitato a forza in tanti anni. Credo fosse Virgilio, le Bucoliche. Ora mi dica cosa c'entro io, con le Bucoliche. Mi guardi bene in faccia e mi dica se le sembro Titiro.

Mio padre voleva che studiassi: «Devi pensare al tuo futuro,» diceva «indirizzarti verso una professione». Ma io non ne avevo voglia. Ero giovanissimo, andavo bene in italiano, me la cavavo, ma in tutto il resto ero una frana, pensavo alle ragazze, agli amici.

Così, un mese prima dell'esame di maturità dove mi avrebbero sicuramente bocciato, non sapevo niente di niente, ho smesso di andare a scuola, non sopportavo l'idea di dover sostenere quell'esame. Non le dico cos'è successo in famiglia, ma io testardo: «Non voglio più studiare, voglio lavorare».

E ho trovato lavoro, lavoro si fa per dire, come rappresentante di uno smacchiatore. Giravo per le drogherie, avevo un piacevole aspetto e mi ero fatto fare un vestito nuovo, un bel vestito, doppio petto, elegante, mi macchiavo sotto gli occhi del droghiere il bavero della giacca e poi usavo lo smacchiatore. Be', da non credere, funzionava. Solo che, dopo un mese, sul bavero della giacca cominciava ad apparire un buco, la stoffa mostrava la trama, allora ho smesso quel lavoro.

Nel frattempo, mi ero messo a suonare la chitarra, così, per i fatti miei e, perché no, attrarre qualche ragazza. Cantavo canzoni che erano allora in voga fra i chitarristi dilettanti, brani tipo Malagueña, Cielito lindo, La galopera. Poi cercavo anche spartiti di altre canzoni, riportanti l'indicazione degli accordi sotto il testo. Me la cavavo abbastanza bene.

Un giorno ho incontrato un vecchio amico che faceva il pianista in un complesso da ballo: avevano bisogno di un chitarrista cantante, ed eccomi qui, ho trovato il mestiere della mia vita.

L'avevo intuito. Ma proseguiamo con la storia di Cichetto che è un gran bel personaggio…

Un bel personaggio sì, ma le ripeto che è un caso a sé, non c'entra nulla col mestiere d'orchestrale. Comunque senta questa, che è proprio bella, indicativa del tipo d'individuo che era.

Una domenica mattina Cichetto si aggirava per il quartiere dove abitava, una zona dell'immediata periferia. Erano circa le undici del mattino, ed era più ubriaco del solito, si era già fatto una decina di Campari e ciondolava forse pensando fra le nebbie dell'alcol a dove andare a farsi l'undicesimo. Caso volle che sbattesse contro alla moglie che stava andando a messa.

«Guarda lì come sei ridotto, povero sciagurato, vergognati, cosa fai, cerca di ricomporti, vieni a messa con me.»

E lui, incredibilmente, la segue a messa, chissà cosa gli stava passando per la testa. La segue e si mette a sedere sull'inginocchiatoio di fianco a un confessionale. E lì si addormenta, duro. Intanto la messa va avanti e arriva all'Elevazione, quando in chiesa si fa un assoluto silenzio e il chierichetto suona un campanello. A questo suono Cichetto si sveglia improvvisamente, cerca di balzare in piedi e urta violentemente con la testa contro il confessionale. Nel silenzio generale gli sfugge un bestemmione che risuona blasfemo lungo le navate, e lascia stupiti e sconcertati parroco e fedeli.

La moglie gli corre vicino: «Stai attento, sciagurato, cosa stai combinando?».

«Sto attento io?!» le fa Cichetto. «Vai a rispondere al telefono, piuttosto.»

Aveva scambiato il trillo del campanello per la suoneria del telefono.

Povera donna...

Povera donna sì, ma non è durata molto, un bel giorno l'ha piantato, ne aveva sopportate troppe. Dopo un breve tempo l'ho incontrato per caso, e Cichetto non aveva ancora parato il colpo, era mesto, a capo chino, stranamente sobrio.

Gli faccio: «Come va Cichetto, non ti vedo bene».

E lui, in dialetto: «Eee, me muiéra la m'ha lasèe, la mha piantée lé», mia moglie mi ha lasciato, mi ha piantato lì.

E io: «Diciamo la verità, Cichetto, tu trascuravi quella donna, eri sempre dietro a puttanelle, vero o no?».

E lui: «*Sè, l'è véra*».

«Poi eri sempre ubriaco e appena guadagnavi due soldi non li davi in casa ma te li sguravi ai cavalli o a poker».

E lui, a capo chino: «*Te gh'è ragioun, l'è véra*», hai ragione, è vero.

«Allora devi ammettere che è stata tutta colpa tua, lei ha avuto tutto il diritto di lasciarti, è ancora giovane e può rifarsi una vita.»

Cichetto ci pensa un poco su, poi sbotta urlando: «*Cla gran tróia!*», quella gran puttana!

Era fatto così, ma un caso a sé, non era tipico di noi orchestrali. No, non c'erano né drogati né alcolizzati fra di noi.

6

Bella la storia di Cichetto, divertente e allo stesso tempo con una sua tragicità. Ne avrebbe delle altre da raccontarmi?

Cosa vuole mai, la nostra vita si svolgeva giorno per giorno, serata dopo serata, sarebbe difficile inventarsi una saga degli orchestrali da balera, che, ripeto, erano operai della musica, manovali del divertimento altrui, fattori o distruttori involontari di storie d'amore. Non voglio nemmeno pensare, o forse sì, a quanti bambini sono nati dopo le nostre povere canzoni...

Viva gli orchestrali di balera, dice lei. Ma un altro episodio, un altro personaggio da ricordare ce l'avrebbe?

Be', ogni volta che andavamo a suonare, lo dico con un certo orgoglio, noi musicisti raffazzonati ma in qualche modo anche noi musicisti, c'era qualche cosa, un personaggio particolare, un avvenimento che a noi poteva sembrare più o meno normale ma che potrebbe avere caratteristiche tali da essere raccontate. Come ad esempio la storia del cantante Brandano.

Che nome curioso...

Be', da noi ogni tanto questi strani nomi si usano, lo sa anche lei. Brandano è forse un personaggio di uno dei "maggi drammatici", che ogni tanto vengono rappresentati sull'Appennino.

E com'è questa storia?

Questo Brandano, e la storia non l'ho vissuta io ma me l'hanno raccontata, era il cantante di un complesso da balera che aveva un discreto successo in provincia; anzitutto per il capo orchestra, un valido suonatore di fisarmonica, bravo soprattutto nel genere del liscio, cioè, come detto, valzer polka mazurka. Poi c'era lui, Brandano, cantante alla Claudio Villa, Giorgio Consolini e Luciano Tajoli, quelli di quel genere particolare che allora andava molto di moda in Italia. Diciamo appunto il "canto all'italiana".

Brandano era molto bravo, solo che aveva un piccolo particolare: non aveva l'uso delle gambe. Qui la storia non è molto chiara, si parla di una mina tedesca in tempo di guerra ma più probabilmente si tratta di paralisi infantile, poliomielite. Allora non esisteva ancora il vaccino.

Come sia, Brandano arrivava e cantava, con la carrozzina a rotelle, il che commuoveva maggiormente le vecchie signore accompagnatrici delle ragazze, ma anche queste gli davano dei colpi, evidentemente non erano ciniche come adesso. Gli davano una piccola spinta sul palco, arrivava con la carrozzina al microfono, lo afferrava e cantava. Veniva caricato e scaricato dagli altri orchestrali come un altro strumento, a turno. Mi spiego: prima di iniziare il nostro lavoro di suonatori, dovevamo scaricare tutti gli strumenti: l'amplificazione, i cavi e tutto quel po' po' di roba, anche se ancora modesta in quantità rispetto ai complessi di oggi, e dopo, finita la serata, riprendere il tutto, smontarlo e caricarlo sul pulmino o quello che era, pronti per tornare a casa. Brandano, dicevo, veniva caricato e scaricato come uno strumento. Oggi la roba da gestire è venti volte quella che maneggiavamo noi. Ma oggi anche i complessi più sdozzi, più scarsi voglio dire, hanno i services, giovani facchini che pensano loro a smontare tutto e a caricarlo. Allora toccava a noi.

L'orchestra di cui parlo aveva fatto il servizio completo, sabato sera, domenica pomeriggio e domenica sera, al Parco Verde, un grande locale di provincia. Quella notte erano disfatti dalla stanchezza. Era inverno e mentre caricava qualche strumento sul pulmino, perché erano riusciti a comprarsi un pulmino firmando qualche chilo di cambiali, il sassofonista, che era di origine appenninica e diceva per questo di intendersi del tempo atmosferico, aveva annusato l'aria in lungo e in largo e aveva sentenziato: «Ragazzi, questa è aria da neve, questa notte nevica, verrà giù fitta, sbrighiamoci, prima che ci prenda per la strada». Così caricano tutto in gran fretta e partono.

Un vento stizzoso e gelido portava qualche raro fiocco di neve. Avevano fatto già una trentina di chilometri, e quello della fisarmonica, il capo orchestra, aveva appena detto al sassofonista che gli sedeva di fianco: «Parlami, parlami, canta, tienmi sveglio che casco dal sonno».

Cominciava, piano ma con l'aria di chi non ha intenzione di smettere, a nevicare, e rendeva insicura e poco visibile la strada, venendo giù fitta, compatta, implacabile, con fiocchi larghi e pesanti, bagnati. L'autista stava teso a guardare il piano stradale, che i fari del pulmino illuminavano facendo rilucere la neve, che già lo ricopriva tutto. Improvvisamente l'autista fu come colpito da un pensiero subitaneo, voltò la testa e guardò in fondo al pulmino, poi inchiodò di brutta. La macchina sbandò leggermente sulla neve, scivolando e mettendosi di traverso. Il sassofonista rischiò di sbattere contro al parabrezza, non si usavano le cinture di sicurezza allora.

Si sente una veloce bestemmia appena accennata: «Che ti venga qualcosa! Cosa c'è, cos'è successo, sei matto a frenare così di colpo, mi hai quasi mandato a sbattere, hai visto qualcosa che ti ha attraversato la strada?!».

«No,» gli fa l'altro «non ho visto niente, ma dov'è Brandano?» L'altro si volta, guarda nel fondo del pulmino, c'è la carrozzina ma Brandano non c'è.

«A chi toccava caricarlo questa sera?» fa il fisarmonicista.

E nella concitazione del momento mi piace immaginare che passino al registro dialettale, molto più vicino alla realtà in quegli anni: «*Stasira l'era al to turen, a t' tucheva a tè*» stasera era il tuo turno, toccava a te.

«*A n' me tucheva a mè, mè a l'ho carghe l'etra smana, ed chi era al turen stavolta?*» Non toccava a me, io l'ho caricato l'altra settimana, di chi era il turno questa volta?

«Ragazzi,» si sente la voce del batterista che si è appena svegliato al rumore della discussione «smettetela con questa polemica del cavolo, ce lo siamo dimenticati tutti, e se fossi in voi girerei questo pulmino e andrei a recuperarlo, ché se tanto mi dà tanto lo troviamo coperto di neve e semiassiderato.»

Così fecero. Nevicava sempre più fitto, l'autista era ben sveglio allora, cercando di guidare con una certa velocità ma facendo attenzione alla strada e a non slittare con le ruote sulla neve. Dopo un periodo di tempo, che sembrò infinito, arrivarono finalmente dove erano partiti, al Parco Verde.

Questo locale, come tanti altri in quel periodo, era diviso in due: nel senso che aveva la parte invernale, una grande sala al coperto, e una parte estiva, all'aperto, con una grande pista da ballo in cemento, un piccolo palco per l'orchestra, una dovizia di piante da fiore, per lo più oleandri, che in quella stagione erano stati messi in provvidenziali salutari ricoveri in apposite serre al riparo dalle intemperie, e infine c'era una serie di tavolini fissi, larghi, circolari su un piede solo, in graniglia.

Su uno di questi, illuminato dai fari del pulmino, avvolto in un panorama fiabesco, letteralmente coperto di neve che gli turbinava attorno, c'era seduto Brandano, immobile, congelato all'apparenza. Gli si avvicinarono con prudenza. «Batteva i denti» avrebbe detto poi il batterista, che quel battere gli aveva ricordato per un attimo l'allegro ticchettare delle nacchere di danzatrici andaluse di flamenco.

Il capo orchestra gli si fece vicino: «Come va, Brandano?» gli chiese.

«*Come va 'sti due maroni!*» rispose il cantante semicongelato. «Senti, fatti più vicino che ti devo dire una cosa» e, quando l'altro gli fu dappresso, si diede un colpo di reni e partì con un cazzotto che prese il malcapitato in piena faccia: tutti e due piombarono a terra e cominciarono a lottare in mezzo a un turbinio di neve.

Questa è la storia che mi hanno raccontato.

7

«Veramente interessante,» gli dissi alla fine «come tutto, d'altra parte, tutto l'ambiente delle balere che ha rievocato e che mi ha raccontato. Molte grazie.»

«Grazie a lei, mi ha fatto tornare a un tempo che, purtroppo, non esiste più, almeno per me, è volato via, mi è sfuggito, come gli anni che avevo e che se ne sono scivolati via.»

Gli feci un'ultima domanda: «Tornerebbe a fare l'orchestrale da balera?». Ci pensò.

«Le racconto un altro episodio, l'ultimo. Stavamo tornando una mattina di febbraio, le so anche dire che giorno era, perché era un Mercoledì delle ceneri, la sera prima era stato Martedì grasso, l'ultimo di carnevale.

Venivamo da un veglione, proprio il veglione dell'ultimo di carnevale: si immagini lei, quant'era durato e a che ora avevamo smesso di lavorare. Venivamo anche da una località abbastanza lontana dalla nostra città, che raggiungemmo alle prime ore del mattino.

Ci aveva accolto una pioggerella cattiva, più nebbia che pioggia, buia, bagnata, spettrale, e si indovinava che facesse freddo, un gran freddo. Fuori la città si stava svegliando, vedevi le persone andare frettolose, curve, avvolte nei cappotti, camminare velocemente verso un bar per il provvidenziale primo caffè o verso l'ufficio, o la fabbrica, dove sarebbero state rinchiuse per tutto il giorno. Chiuse a lavorare, a fare qualcosa che il più delle volte odiavano.

Il sassofonista, che era a suo modo un saggio, guardò fuori il tempo, il panorama, la gente: "Ragazzi," disse pensoso "mi credete se ve ne dico una? Noi una gran fregatura dalla vita non l'abbiamo presa". L'ho già detto, a vent'anni è un gran bel mestiere, meglio che fare l'operaio o l'impiegato da qualche parte, ci si diverte, anche se si è un po' come i ginecologi, che lavorano dove gli altri si divertono».

E rise: «Ma a una certa età è meglio smettere, meglio fare il barista. A questo punto, posso offrirle qualcosa, gradisce, come si dice, un cichetto? La vedo perplesso, non si preoccupi, sto scherzando, non vuole proprio niente, ma prenda almeno un caffè...».

Un portacenere rosso

1

Era il giugno del mille novecento sessanta tre; avevo poco più di vent'anni. Stavo compiendo il mio servizio militare, allora obbligatorio, come Sottotenente nell'Ottantaduesimo Reggimento Fanteria Torino, Divisione Folgore, attestato nel Nordest d'Italia perché da là sarebbe potuta arrivare una pericolosa invasione.

Folgore, ma non eravamo parà, solo volgari fantaccini: al braccio sinistro (o destro?) scudetto rosso con la folgore, in oro, che lo attraversava; e colori del reggimento, giallo e blu, motto «Credo e vinco»; e per simbolo ovviamente un toro al quale, nel cortile della caserma, dove in un'aiuola fiorita si ergeva la sagoma del grande animale rampante, i soldati dipingevano affettuosamente i coglioni in bella evidenza, uno di giallo e l'altro di blu.

In quel periodo stavamo facendo il campo estivo attendati nelle alpi bellunesi, vicino a un villaggio di poco più di trecento abitanti. Piccolo, ma vi sorgeva un'osteria, e questo bastava per allietare le serate dei soldati e di noi ufficialetti, di complemento e non, che formavano il corpo di spedizione in quel luogo alpestre, nelle relativamente più permissive ore di libera uscita.

Noi Ufficiali godevamo di una saletta sul retro di questa osteria, a piano terra, e da una finestra quasi a livello del suolo potevamo essere calati all'aperto in caso di vistosa ebbrezza, senza il rischio di essere scorti e motteggiati dalla volgare ciurma.

2

Io comandavo, del tutto immeritatamente viste le mie scarse attitudini militari, quello che, secondo i piani tattici di allora, era definito «Plotone armi accompagnamento»: praticamente, se avevo ben compreso le funzioni del suddetto plotone d'allora, dirigevo un gruppo di fuoco atto a sostenere e appoggiare l'avanzata dei plotoni fucilieri in territorio nemico. Questo più o meno, non sono esperto di tattica militare.

Il Plotone in teoria consisteva in una quarantina di uomini (ma l'organico non era mai al completo) e operava con tre piccoli mortai da cinquanta millimetri, tre mitragliatrici Breda calibro otto e due cannoni senza rinculo, anch'essi da cinquanta millimetri.

Ora se, bene o male, i tre mortai facevano il loro modesto ma coscienzioso dovere, le tre Breda, residuate italiane della Seconda Guerra Mondiale, di obsoleto calibro otto, alimentazione a lastrina e cadenza di tiro sui 500 colpi al minuto, avrebbero fatto la figura di anziane signore borbottanti rispetto a quelle in dotazione oggi: le Mg Spandau, calibro NATO 7,62, dette affettuosamente dai soldati tedeschi della Wermacht "La sega di Hitler", che avevano cadenza di tiro fra i 1200 e i 2500 colpi al minuto. Diciamo troppa grazia, perché se per uccidere un eventuale nemico 300 colpi bastano e avanzano, gli altri 900 se non addirittura i 2200 sono evidentemente uno spreco, una fanfaronata, un buttar via i preziosi e sudati soldi dei contribuenti, tant'è che pensarono bene di appesantire l'otturatore e ridussero la cadenza a un più umano 800 colpi al minuto.

Vabbè, le Breda erano obsolete, come ho detto, vecchie borbottanti signore ma facevano il loro dovere, che era quello di fare rumore, di sparare. E ogni tanto lo facevano.

Mi chiedo ancora, invece, del bisogno di portarsi dietro, a ogni esercitazione, i due cannoni senza rinculo. Erano residuati americani della guerra di Corea durante la quale, si diceva (*dicunt? tradunt?*) che avevano fatto un gran bene. Ma da noi, nei primi anni Sessanta, erano oggetti misteriosi, era come portarsi dietro due grandi remi di una gondola o, esagerando un po' sul peso, il binario di una tramvia cittadina, perché la potenza di fuoco sarebbe stata la stessa: nessuno di noi aveva mai visto un solo proietto del cannone senza rinculo da 50 o aveva mai sparato un solo colpo, e i due soldati che portavano l'arma si sobbarcavano soltanto un peso inutile.

Portavano un'idea, una fantasia, una supposizione, un simbolo della vita militare d'allora, che si bilanciava fra quello che sarebbe dovuto essere e ciò che invece, spesso, non accadeva; fra il desiderio che tutto fosse in quel dato modo e il così non era; fra l'ottusità dei regolamenti e la dura realtà della vita per come essa, altrettanto duramente, si realizzava.

3

Il nostro Capitano era, tutto sommato, un buon uomo: tranquillo, non fanatico: veniva, come noi, non dall'Accademia di Modena ma dal Complemento.

Forse per questo aveva una specie di complesso d'inferiorità verso i colleghi, diciamo così, regolari, ed era ottusamente ligio al Regolamento. Non avrebbe mai lasciato correre o perdere, liberando i due soldati dal peso inutile dei cannoni senza rinculo, perché c'era scritto che *dovevano* esserci, anche se sapeva benissimo che non c'era alcun sistema per adoperarli.

Così, allo stesso modo, aveva letto da qualche parte in una libretta (stranamente i fascicoli di vario tipo delle istruzioni militari hanno questo curioso nome) che in un campo estivo, vicino al gruppo di tende, avrebbe dovuto esserci un rifugio antiatomico.

Ricordavo, durante l'addestramento nel corso Allievi Ufficiali, un'aurea libretta detta *Corso ABC*, a dire "Atomico, Biologico, Chimico", nella quale si fornivano preziose istruzioni nel caso in cui un subdolo nemico avesse messo in atto qualsivoglia delle tre succitate nefandezze, del tipo, in caso di attacco atomico, ripararsi dietro un tavolo rovesciato o una grossa scrivania. Un vero peccato che gli abitanti di Hiroshima non avessero ricevuto questi semplici ed essenziali suggerimenti.

Il rifugio antiatomico quindi *doveva* esserci. Ma *come* doveva essere? Un bunker, munito di spesse pareti in cemento armato, indispensabili per trattenere le mortali radiazioni? Un sistema interno di illuminazione e di aerazione per permettere ai rifugiati di vedere attorno e di respirare? Servizi igienici, acqua e viveri sufficienti a sostentare un certo numero di soldati per un certo periodo di tempo? Chiaramente tutto questo sarebbe stato impossibile da realizzare, data anche la relativamente breve permanenza al campo estivo.

Allora semplicemente si sarebbe potuta scavare una buca, sperando nelle robuste pareti di terra e nel Buon Dio, ma anche questa soluzione sarebbe stata di difficile attuazione. Non c'erano bulldozer, e costringere i soldati a scavare con pale e picconi avrebbe richiesto un tempo quasi infinito. E allora, il rifugio antiatomico?

Ecco la soluzione intelligente, il vero genio italico che balza fuori, la trovata della fantasia, del c'è e non c'è. Scegliere un grande spazio rettangolare, mandare i soldati a cercare grosse pietre, poi inviarli a verniciare i massi di bianco con la calce, far contrassegnare il terreno con queste pietre e chiamare il tutto «Rifugio antiatomico».

E così noi avemmo il nostro rifugio antiatomico, in omaggio ai desideri del nostro Capitano e agli ordini della libretta, in barba al nemico e alle sue eventuali offensive atomiche, in barba alla realtà, in un trionfo di vorrei ma non posso, di dilettantismo, di pressappochismo.

4

Tutto a posto, quindi, tutto tranquillo? Purtroppo c'è sempre qualcosa o qualcuno che viene a interrompere un ordine così ben costruito e congegnato, a gettare un sasso in uno stagno di acqua altrimenti calma e immobile.

Di fronte al nostro attendamento e al nostro rifugio c'era un campo coltivato a trifoglio o altro tipo equipollente di foraggio. Per raggiungere le tende dall'altra parte del campo passavano e ripassavano allegramente i camion del Battaglione, pestando e ripestando sempre più ampie porzioni di terreno coltivato.

I proprietari del campo si erano lamentati dello scempio subito e così, in assenza del nostro Capitano, ne era arrivato un altro, il quale probabilmente aveva visto Modena molto meno di me che in quella città c'ero nato. Per dire che veniva dal Complemento anche lui.

Aveva sogguardato il campo, aveva meditato, poi mi aveva convocato: «Tenente,» aveva comandato «ordini ai soldati di scegliere grosse pietre, faccia in modo che vengano dipinte con la calce e segni sul terreno una pista per indicare ai camion che devono transitare solo da lì e non vagare qua e là come farfalle ubriache».

Feci rispettosamente notare al signor Capitano che purtroppo le grosse pietre, in zona, latitavano, che i soldati non erano riusciti a trovarne in quantità utile e che l'impresa di segnare il tratturo si stava rivelando di difficile realizzazione.

Il nuovo Capitano mi stette ad ascoltare, si guardò attorno pensoso ma poi lo sguardo cadde sul rifugio antiatomico. Si illuminò d'immenso: «E quelle pietre?!» chiese.

Spiegai, pazientemente, che quelle erano le sacre e inviolabili pietre del rifugio antiatomico del nostro Capitano.

Il nuovo Capitano era romano, e usava un linguaggio romanesco, molto colorito, che cercherò di semplificare in questo modo. Illustrò, praticamente, dove il nostro Capitano poteva infilarsi quelle pietre traendone maggior vantaggio e soddisfazione, che non aveva mai sentito sciocchezze paragonabili a un rifugio antiatomico inesistente, che dovevo immediatamente dare ordine ai soldati di prendere quelle maledette pietre e di contrassegnare con esse quel maledetto passaggio. Tutto sulla sua responsabilità. Così parlò, e se ne andò.

Gli ordini sono ordini, e così feci. Intercettai alcuni soldati che, ignari del pericolo, stavano bighellonando lì attorno trascurando una delle regole fondamentali della vita militare d'allora e cioè: «Se ti aggiri bighellonando, cerca di assumere l'atteggiamento di chi sta facendo qualcosa d'importante o di chi sta eseguendo un ordine, altrimenti ti beccano e ti fanno fare una cosa spiacevole come spostare pietre».

Solo che, a operazione finita, il campo di trifoglio con il percorso degli automezzi ben marcato da due file parallele di bianche pietre, arrivò il nostro Capitano. Guardò sconcertato il tutto e: «Dov'è il mio rifugio antiatomico?» urlò.

Gli spiegai gli avvenimenti; lui nervosamente ascoltò e poi rispose che, se l'altro Capitano intendeva fare il servizio militare, che era cosa seria e precisa, di testa sua, in barba ai regolamenti, si accomodasse, ma che lui era ligio alle regole e che, se le regole dicevano che bisognava segnare un rifugio antiatomico, lui, per dio, l'avrebbe segnato, il rifugio antiatomico; quindi, concludendo, soldati, riportate i sassi là dov'erano stati messi prima. Aggiunse poi qualcosa sulla moralità dei romani e in particolare su quella delle loro madri, guardò per un po' l'operazione pietre e se ne andò.

Ma ritornò il nuovo Capitano, per controllare e verificare se l'operazione pista per gli automezzi fosse stata o meno risolta. E tutto questo balletto fra i due Capitani si ripeté per tre volte, finché ci fu una specie di ammutinamento fra i soldati.

Io stesso feci rispettosamente presente al nuovo Capitano, che esigeva l'ennesimo spostamento pietre, che si mettesse finalmente d'accordo col suo collega in grado, ché i compiti dei miei soldati sarebbero stati altri che spostare pietre.

Mi guardò, senza proferire parola, poi, a ogni buon conto, per non sapere, come si dice, né leggere né scrivere, per stare nelle regole morali della vita militare, mi disse, ma tranquillo senza ira, un semplice «stia punito» e se ne andò.

Tornò finalmente il mio Capitano (ma dove andavano i due, fra un ordine e l'altro?), al quale raccontai tutto quello che era successo, compresa la mia punizione.

«Ah sì,» disse il mio Capitano «punito eh? Be', domani è domenica, e domani prendiamo una Campagnola e ce ne andiamo a fare un giro, andiamo al grosso paese da qui poco distante. Ci togliamo per un po' da questi luoghi selvaggi, torniamo a vedere un po' di civiltà. Per il mio collega...» e qui seguirono alcune impressioni poco favorevoli sul suo collega di grado.

5

Appena dopo mangiato partimmo. Non ricordo chi fosse al volante, né quale dei miei colleghi fosse con noi. Prendemmo una direzione che scendeva verso valle, fiancheggiammo un lago artificiale e ci apparve una strada che attraversava longitudinalmente una diga. Ne avevamo sentito parlare. Era una diga colossale, che chiudeva da sponda a sponda un fiume di cui ignoravo il nome.

Ho passato l'infanzia e buona parte dell'adolescenza in una casa, un mulino ad acqua, distante mezzo chilometro circa da una diga che chiude un torrente dell'Appennino pistoiese. Questa diga ad archi multipli, costruita nel mille novecento ventinove in stile vagamente Liberty, era un fortino imprendibile, con i suoi cento archi sospesi arditamente nel vuoto, per noi ragazzi con le cerbottane; e qualche anno dopo, sarebbe diventata rifugio per fugaci amorosi incontri con le fidanzatine nei suoi ascosi cunicoli catacombali. La grande costruzione appariva, quasi all'improvviso, dopo una spianata percorsa da filari di pioppi e avvolta da boschi di castagni, come una piramide Maya che si rivela all'improvviso agli occhi di un coraggioso esploratore nell'impenetrabile giungla del Centro America. Bianca, imponente, sembrava sistemata là, in mezzo a quel verde, per suscitare ancora le fantasie nutrite dalle letture di Salgari, per ricreare visioni di misteriose foreste tropicali nell'Appennino Tosco-Emiliano.

Ma la mia diga, coi suoi 65 metri di altezza, non era niente rispetto a quella che stavamo dunque attraversando. Con un'altezza di più di 250 metri la costruzione faceva sembrare l'architettura dei miei ricordi una piccola e misera cosa. Quella che noi percorrevamo col fuoristrada era uno sbarramento enorme, maestoso, che non avrebbe mai permesso né ragazzi con le loro raffazzonate cerbottane né coppiette in cerca di luoghi appartati. Era un monumento da togliere il fiato, da ammirare quasi in religioso silenzio, come all'interno di una cattedrale gotica.

Finalmente arrivammo al paese, che si rivelò una cittadina piuttosto grande.

A quell'ora del primo pomeriggio, dato anche il caldo estivo, in giro non c'era nessuno. Girammo a vuoto per un po', vagando senza una meta precisa lungo alcune strade del centro poi, vinti anche noi dal caldo, decidemmo di rifugiarci in un bar.

L'interno era fresco, un poco buio, riposante. Ci sedemmo, un poco rumorosi, a un tavolo, e apparve quasi magicamente una ragazza.

Era giovane, della mia età. Ci chiese, con dolce accento veneto, cosa, noi soldati, volessimo da bere. Anche noi, tolto il Capitano, eravamo giovani e da tempo non vedevamo o frequentavamo ragazze.

Ordinammo e cominciammo a scherzare con lei, a giocare di frasi e sottintesi, non tanto volgari ma forse peggio, scontati, banali. Mi sembrò però, ma forse mi ingannavo, che si fosse instaurato un certo rapporto di simpatia fra me e la ragazza, che sembrava rispondere volentieri alle mie battute.

Sul tavolo era posato un portacenere triangolare rosso, di plastica, che recava su ogni facciata il marchio Coca-Cola, in bianco. Non ricordo se, sempre scherzando, glielo chiesi se me lo regalava, come una specie di ricordo amoroso, o se invece l'infilai, rubandolo, in una ampia tasca della tuta mimetica.

Uscimmo dal bar e facemmo ritorno al campo. Per tutto il tragitto ripensai a quella ragazza, che mi aveva colpito, sentendo il peso del portacenere rosso nella tasca della mimetica.

6

Passò il periodo del campo estivo e ritornammo in caserma. Passarono anche alcuni mesi, venne ottobre e, finalmente, arrivò anche il mio sospirato congedo. Era finita la mia vita militare, durata quindici mesi, mi aspettava una vita da civile di cui ignoravo ancora le mille misteriose possibilità, che oggi conosco ma che allora ignoravo completamente.

Una mattina dei primi giorni d'ottobre, mentre mi attardavo a sbrigare le ultime faccende burocratiche, vidi, da una finestra del mio alloggio, che nel cortile della caserma c'era un certo movimento di truppa e di camion. Chiesi al mio attendente (allora c'erano ancora) cosa stesse succedendo.

«Signor Tenente,» mi fa «non sa cos'è successo? Un disastro terribile, una grande disgrazia. Lassù, dove avevamo fatto il campo estivo, si ricorda? in giugno. C'era quel lago, quella diga. Be', non so come, ma pare che ci sia caduto dentro, a quel lago, mezzo monte, che si sia alzata una grande ondata di piena che ha spazzato via una parte di quel paese, si ricorda? quello dove c'era quell'osteria dove andavamo a bere la sera. Poi quell'onda è tornata giù e ha scavalcato la diga. No, la diga non è crollata, è rimasta in piedi, ma l'ondata di piena è passata sopra e ha cancellato il paese di sotto, l'ha triturato. Ci sono stati un mucchio di morti, quasi tutti quelli della cittadina. Noi andiamo su a dare una mano ai sopravvissuti, a fare cucine da campo, a salvare il salvabile, ma mi hanno detto che è tutto raso al suolo, un disastro, una gran disgrazia.»

Mi chiesi, al di là dell'entità della tragedia, di cui allora ignoravamo l'intera portata, se la ragazza del bar ce l'avesse fatta, se fosse sopravvissuta alla grande mortifera onda assassina o se, come la maggior parte dei suoi concittadini, se ne fosse andata, fosse scomparsa.

Ogni tanto, guardando quel portacenere rosso che mi ero portato a casa, pensavo a quella ragazza. Non ricordo, o non l'ho mai saputo, che nome avesse; non ricordo di che colore fossero i capelli o quale fosse l'acconciatura, di che colore i suoi occhi, se fosse alta o di statura media.

7

Da allora sono passati più di sessant'anni. Se, in quella tremenda notte, fosse rimasta, per un miracolo, viva, oggi avrebbe la mia età, potrebbe essere nonna, bisnonna, e non ricordare assolutamente quell'incontro avvenuto in un pomeriggio d'estate, in un bar, con alcuni militari rompiscatole, in vena di scherzi e battute più o meno grossolane.

Mi sono chiesto spesso, però, cosa sarebbe successo se le cose fossero andate diversamente, se fossi rimasto lì: forse avremmo legato, sarebbe nata una storia; forse avremmo anche vissuto assieme; ma se ora posso ricordare, anche se vagamente quella ragazza significa che, fortunatamente per me, lì non ci sono rimasto.

Ma anche questa è una fantasia senza senso, un giro a vuoto della mente, un immaginare irreale, un po' come i due inutili cannoni senza rinculo portati ottusamente sulle spalle dai soldati o un esistente, ma allo stesso tempo inesistente, rifugio antiatomico.

Mi era rimasto quel portacenere rosso di plastica. L'ho usato per parecchi anni, poi dove sia finito non so. Era una presenza continua nella mia stanza, lo usavo vicino ai libri mentre fumavo studiando, lo usavo con gli amici che mi venivano a trovare (allora fumavamo tutti). Poi non so dove sia finito e perché.

Uno di quegli oggetti come un accendino, una penna stilografica, un portachiavi con un mazzo di chiavi che aprivano chissà quali porte, cose che hanno accompagnato, per lunghi tratti, la nostra vita e poi, un bel giorno, ci hanno abbandonato, se ne sono andati, chissà dove e per quale motivo.

Oggetti inanimati che dureranno più di noi, che rimarranno, nascosti da qualche parte nel tempo, in fondo a un cassetto, addormentati in un angolo di un vecchio armadio, nelle tasche di una giacca un tempo amata ma che da anni, per ragioni di misure, ormai tragicamente troppo diverse, non indossiamo più; o forse usati da un'altra persona che probabilmente non avremmo neanche voluto conoscere.

Oggetti che sono scomparsi ma che esistono ed esisteranno ancora, anche quando la nostra stessa vita sarà scomparsa per sempre.

Indice

Dello stesso autore

FRANCESCO
GUCCINI
TRE CENE
(L'ULTIMA INVERO È UN PRANZO)
LE CHIOCCIOLE

Francesco Guccini

Tre cene

«Non aspettatevi grandi avvenimenti dalle cose che andrò raccontando, fulminanti colpi di scena come agnizioni improvvise o finali drammatici o misteri iniziali che poi, a poco a poco, logicamente sgretolati dalle deduzioni di un abile investigatore, si dipanano e si mostrano in tutta la loro enigmatica chiarezza»: così ci avverte Francesco Guccini, in apertura del primo dei tre racconti che compongono questo libro.

E così, accompagnati dalla sua voce, seguiamo gli amici protagonisti in una notte d'inverno, mentre la neve cade, fino alla prima delle locande dove trascorreranno una notte di buon cibo e molto vino, di risate e un po' d'amore; una di quelle notti in cui l'amicizia e la sazietà aiutano a non ascoltare i presagi della vita che corre. Questa prima cena ha luogo prima dell'ultima guerra nell'Appennino tra Bologna e Pistoia, la successiva ci racconta lo stesso mondo quarant'anni dopo, l'ultima – che non è invero una cena, bensì un pranzo di mezza estate che si protrae fino a un grande falò notturno – si svolge nel giorno di un'eclissi di sole.

Francesco Guccini inanella tre storie che diventano una sola e dà vita a nuovi, memorabili, bizzarri eroi della sua epica del tempo perduto.

FRANCESCO
GUCCINI
TRALUMMESCURO
BALLATA PER UN PAESE AL TRAMONTO
LE CHIOCCIOLE

Francesco Guccini

Tralummescuro

Radici è il titolo di uno dei primi album di Francesco Guccini, e radici è la parola che forse più di tutte rappresenta il cuore della sua ispirazione artistica. Radici sono quelle che lo legano a Pàvana – piccolo paese tra Emilia e Toscana – e radici sono quelle che sa rintracciare dentro le parole, giocando con le etimologie fra l'italiano e il dialetto, come da sempre ama fare.
Oggi Pàvana è ormai quasi disabitata, i tetti delle case non fumano più. È in questo silenzio che il narratore evoca per noi i suoni di un tempo lontano, in cui la montagna era luogo laborioso e vivo, terra dura ma accogliente per chi la sapeva rispettare. Rinascono così personaggi, mestieri, suoni, speranze: gli artigiani all'opera in paese o lungo il fiume, i primi sguardi scambiati con le ragazze in vacanza, i giochi, gli animali e i frutti della terra, un orizzonte piccolo ma proprio per questo aperto all'infinito della fantasia.
Tra elegia e ballata, queste pagine sono percorse da una continua ricerca delle parole giuste per nominare ricordi, cose e persone del tempo perduto; la malinconia è sempre temperata dalla capacità di sorridere delle umane cose e dalla precisione con cui vengono rievocati gesti, atmosfere, vite non illustri eppure piene di significato.

FRANCESCO
GUCCINI
NON SO
CHE VISO AVESSE
QUASI UN'AUTOBIOGRAFIA
LE CHIOCCIOLE

Francesco Guccini

Non so che viso avesse

«Che aspetto avrà avuto un mio probabile (o improbabile) antenato, quel Guccino da Montagu' che, secondo un documento del Cinquecento, è chiamato come testimone in un processo riguardante dei possedimenti fondiari? "Non so che viso avesse...", è il caso di dirlo»: come sempre, per raccontare di sé Francesco Guccini parte dalle radici.

La famiglia di mugnai che per secoli fatica e lotta in una valle tra gli Appennini, il padre che per primo fa un mestiere diverso, e poi lui, il giovane Francesco, che presto impara a giocare con le parole – come cronista alla «Gazzetta dell'Emilia», come insegnante di lingua italiana, poi come autore di testi in versi e in prosa – e con la musica. E poi le osterie, le grandi amicizie, i viaggi tra la via Emilia e il West, la passione civile e quella amorosa, la chitarra, la scrittura, i compagni di strada ormai partiti «per più verdi pascoli»: in questo libro corre veloce il racconto di una vita che ha accompagnato le nostre con il timbro della sua voce inconfondibile.

E se scrivere una autobiografia è forse impossibile, queste pagine ci consegnano comunque il senso di una vita intera animata dalla fiducia nel "canto" (nelle sue molteplici accezioni) come strumento di conoscenza e di resistenza.

FRANCESCO GUCCINI
LORIANO MACCHIAVELLI
VOLA GOLONDRINA
GIUNTI

Francesco Guccini - Loriano Macchiavelli

Vola Golondrina

Montefosco, paese dell'Appennino Tosco-Emiliano, poco prima delle elezioni del 18 aprile 1948. Il silenzio notturno è rotto dal rumore di una moto lanciata lungo la strada principale, mentre il suo guidatore canta a squarciagola. Questo episodio si ripete per diverse notti, fino a che in una casa abbandonata viene trovato il cadavere di un uomo ucciso barbaramente, accanto alla sua moto, una vecchia Guzzi GT 17 con sidecar.

Bologna, 1972: in maggio le elezioni decreteranno l'inaspettato successo del Movimento sociale italiano-Destra nazionale. La giovanissima giornalista Penelope Rocchi, detta Lope, deve tornare a Montefosco, dove è nata, per scrivere un pezzo su Ardito Richeldi, candidato nelle liste del MSI e coinvolto in uno scandalo legato al finanziamento di gruppi neofascisti. Ardito è stato ucciso dai colpi di una Ruby, pistola degli anni '30 di fabbricazione spagnola ormai sparita dalla circolazione.

Spagna, 1936. Allo scoppio della guerra civile il comunista italiano Pedro e l'anarchico Bakunin si sono uniti alle Brigate Internazionali: è qui che Pedro ha incontrato la militante Golondrina, se ne è innamorato e con lei ha dato vita alla piccola Maria...

C'è un filo rosso che unisce questi personaggi e le loro storie: toccherà a Lope Rocchi trovarlo.

FRANCESCO
GUCCINI
LORIANO
MACCHIAVELLI
QUESTO
SANGUE
CHE IMPASTA
LA TERRA
LE CHIOCCIOLE

Francesco Guccini - Loriano Macchiavelli

Questo sangue che impasta la terra

Appennino emiliano, 1970. Un ragazzo e una ragazza corrono nel bosco: indossano eskimo e clarks, hanno una macchina fotografica e un mitra. A inseguirli, uomini armati di Kalashnikov.
Nella quiete della Ca' Rossa, l'ex maresciallo Santovito sente delle raffiche di mitra. Non è la prima volta che accade sul monte Spungone, e ultimamente la pace di quei luoghi è turbata da altri strani accadimenti.
Inoltre Santovito è sicuro che qualcuno lo stia spiando da tempo. Forse è Sotgiu, un pastore sardo che vive con il suo gregge in un rudere isolato. Oppure potrebbe essere Santissimo, un vecchio alcolizzato col vizio di molestare le donne che incontra.
Mentre sopraggiunge la notte, una jeep militare appartenuta ai soldati americani durante la Seconda guerra mondiale si ferma davanti all'ospedale del paese, scarica un uomo gravemente ferito e riparte a tutta velocità. Il malcapitato muore poco dopo senza che si sappia niente di lui. Non ha documenti addosso, solo una tuta mimetica e pesanti stivali da parà.
Pur essendo in pensione, Santovito si sente in dovere di indagare, per scoprire se tra i due avvenimenti possa esserci un legame.

FRANCESCO GUCCINI
LORIANO MACCHIAVELLI
UN DISCO
DEI PLATTERS
ROMANZO DI UN MARESCIALLO
E UNA REGINA
TASCABILI GIUNTI

Francesco Guccini - Loriano Macchiavelli

Un disco dei Platters

Seconda guerra mondiale. In un paese dell'Appennino Tosco-emiliano, durante una notte gelida e nevosa, una *Schwimmwagen* percorre a fari spenti una stradina nel bosco. A bordo un ufficiale nazista e un milite repubblichino devono portare a termine una missione di vitale importanza: mettere al sicuro quattro cassette di documenti che per nessun motivo devono cadere in mano al nemico. Purtroppo qualcosa va storto: da lontano riecheggiano raffiche di mitra e lo scoppio di due bombe a mano. Dei due non vi è più traccia fino a quando, il mattino successivo, una donna in cerca di legna trova un cadavere in riva al fosso della Guelfa, un torrente che la credenza popolare vuole abitato da uno spirito maligno, la Borda. In effetti, il corpo rinvenuto è privo di occhi, naso e labbra, come fossero stati strappati con violenza da una belva.

Siamo agli inizi degli anni '60, e il maresciallo campano Benedetto Santovito fa ritorno al paesino appenninico, dove da tempo avvengono morti misteriose: un ragazzo ucciso dall'esplosione di una mina e un altro affogato in un corso d'acqua. Santovito non vorrebbe farsi coinvolgere dalle indagini, ma quando il Romitto del Castagno – uno strano personaggio – scompare misteriosamente, il maresciallo decide di mettersi di nuovo in gioco.

FRANCESCO GUCCINI
LORIANO MACCHIAVELLI
CHE COSA
SA MINOSSE
STORIA DI FANTASMI E GENTE STRANA
LE CHIOCCIOLE

Francesco Guccini - Loriano Macchiavelli

Che cosa sa Minosse

La frenesia della città sembra all'improvviso lontanissima, i tornanti si snodano in mezzo a una fitta vegetazione, il segnale telefonico si interrompe: e poi, dietro una curva, ecco una radura dominata da una quercia maestosa e da un'antica casa in pietra. A Maurizio e a Marta sembra che quella casa sia lì ad aspettarli da sempre. A dire il vero Maurizio, da buon scrittore di romanzi, qualche sospetto per le case isolate nel bosco lo nutre, ma l'entusiasmo della moglie vince ogni resistenza. E così i due approdano tra gli Appennini, poco desiderosi di stringere amicizia con i ruvidi abitanti del paese vicino e determinati a godersi il loro incantevole buen retiro. Però non sono soli: dalle profondità della cantina – che i locali chiamano "l'inferno" – emerge un grosso gatto che si considera il vero padrone di casa e che, in virtù del suo pelo nerissimo, accetta l'epiteto di Minosse con felina condiscendenza. Ma non è tutto. Una notte dopo l'altra, a far loro compagnia si susseguono strani accadimenti: ombre fruscianti in giardino, luci che si accendono nel buio, Minosse che gonfia il pelo come se qualcosa lo avesse terrorizzato…
Guccini e Macchiavelli, cantori dell'Appennino dimenticato, giocano con i fantasmi per rendere omaggio allo spirito misterioso delle loro amate montagne.

FRANCESCO
GUCCINI
LORIANO
MACCHIAVELLI
TEMPO DA ELFI
ROMANZO DI BOSCHI, LUPI E ALTRI MISTERI
LE CHIOCCIOLE

Francesco Guccini - Loriano Macchiavelli

Tempo da elfi

Tutto pare immutabile a Casedisopra: la tabaccheria della Nerina, le due caserme dei Carabinieri e della Forestale e la trattoria-bar di Benito. Eppure ultimamente qualcosa sta cambiando. In paese compaiono ragazzi e ragazze dagli abiti colorati, calzano sandali di cuoio e vendono i prodotti del bosco e della pastorizia: sono gli Elfi, che vivono in piccole comunità isolate sulla montagna. Saranno loro a prendersi cura del territorio appenninico, mentre sul corpo della Forestale incombe il destino di venire assorbito nell'Arma dei Carabinieri? Marco Gherardini, detto Poiana, ispettore della Forestale, non fa in tempo a immalinconirsi con questi pensieri che ecco, nell'aria risuonano due spari proprio quando nemmeno i cacciatori avrebbero licenza di esploderli. E di lì a poco, ai piedi di un dirupo viene trovato un cadavere: proprio un giovane elfo, si direbbe... Inizia per Poiana l'indagine più difficile della sua carriera. Si troverà a sospettare degli amici più cari e dovrà ammettere che l'intuito femminile può essere imbattibile, perché per trovare la direzione giusta dovrà essere pronto a perdersi nel bosco...

MISTO
Carta | A sostegno della gestione forestale responsabile
FSC® C005461
www.fsc.org

Stampato presso Rotolito S.p.A.
Seggiano di Pioltello (MI)